大棋局

美国的首要地位及其地缘战略

Zbigniew Brzezinski

[美] 兹比格纽·布热津斯基——著

中国国际问题研究所——译

THE GRAND CHESSBOARD

American Primacy and
Its Geostrategic Imperatives

上海人民出版社

献给我的学生

——帮助他们造就明天的世界

中 文 版 序

1997年已近岁尾时刻我访问美国,有机会和前美国总统安全顾问布热津斯基博士晤谈。我告知中国国际问题研究所的同行已将他的新著《大棋局》译成中文,即将由上海人民出版社出版。他听后非常高兴,并向中国的读者致以诚挚的问候。

布热津斯基博士一再强调发展美中关系对世界和平与稳定的重大意义。当前,美国国内各派政治力量对今后美中关系发展前景存在着分歧。克林顿政府为了对付国内的压力,一时难以制定长远的、全面的对华政策。但是美国多数决策者认识到中国是一个兴起的大国,反对遏制中国,主张通过积极和建设性的接触政策,发展与中国的关系。

布热津斯基在《大棋局》一书中认为,美国作为世界上唯一的超级大国,在全世界占有军事优势,是世界经济增长的主要推动力,在尖端科技领域地位领先,"美国文化"具有吸引力。不过美国不仅是第一个唯一的超级大国,也是最后一个超级大国。他预计到2015年左右,美国将失去世界霸权地位。在此之前,需要未雨绸缪,早作准备,建立符合美国利益的国际秩序。为此,美国必须防止另一个超级大国的兴起和任何一种威胁美国霸权地位的反美联盟的出现。

布热津斯基博士的全球战略构想将欧亚大陆看作关键地区。他列出欧亚大陆地缘战略国家和地缘政治支轴国家各五个,对它们在欧亚大陆的地位、发展前景、政策走向以及同美国的利害关系作出分析判断,并就美国对它们的政策提出建议,其中有关中国的评述占有较大篇幅。对于布热津斯基博士的各种看法,我相信中国的读者读过本书后会作出自己的判断。

杨成绪
1998 年 1 月 6 日于北京

卷　首　语

　　布热津斯基博士 1997 年夏给我寄来他的新著《大棋局——美国的首要地位及其地缘战略》的校样本，读后我觉得这是一本论述美国当前和长远欧亚战略的重要著作。作为美国的一位主要战略思想家并曾担任过民主党总统国家安全顾问的布热津斯基博士，写这本书的目的是为美国提供一整套可供选用的战略构想。布热津斯基博士在综合分析欧亚大陆地缘战略重要性和存在的问题时，提出了不少既有广度又有深度的独到见解，着重分析了美国的霸权或世界首要地位的特征、范围和深度，欧亚各大国的现状和发展前景，如何周旋于各大国之间而使美国处于最有利的地位，以及中国在美国对欧亚的战略中所处的关键性地位。该部著作为注意世界战略格局变化的人们提出了许多很有参考价值和可能引起争议的看法。

　　这本书之所以命名为《大棋局》，是因为布热津斯基把从里斯本到符拉迪沃斯托克这片欧亚大陆视为一个地缘战略大棋盘，这一区域既决定世界今后的稳定与繁荣，又决定美国保持世界主导地位的中心舞台。布氏提出，美国作为不同于过去所有帝国的一种新型霸主，就是要在法、德、俄、中、印这五个地缘战略国家和乌克兰、阿塞拜疆、韩国、土耳其、伊朗这五个地缘政治支轴国家之间纵横捭阖，以在欧亚大棋局中保持主动，实现领导。为保持并尽量延长美国在欧亚亦即在世界的主导地位，美国要依靠西头的大欧洲民主桥头堡和东头"必将成为地区主导大国"的中国。在内外因素制约下，美国对外不宜抱过高姿态，而应主要同五个地缘战略国家在不同领域中、不同程度上和以不同方式增进或建立盟友或伙伴关系。

下面就两个重要问题做些评述。

一、中国问题

布热津斯基认为，中国到 2020 年会成为"地区主导大国"，在亚太地区拥有一个势力范围或受别国敬服的范围，而不可能成为在各个主要领域都富于竞争力的全球性大国，尽管中国可能有此抱负。他反对过高估计中国的竞争力和据此得出美国应该采取遏制中国政策的结论。他认为，对美国的中长期欧亚地缘战略来说，同中国建立起合作伙伴关系是不可或缺的条件。他固然希望中国能走向所谓"民主化"和"自由市场化"，认为存在着这种可能性，但他并不以此作为中美合作的前提，而是更重视中国的对外行为。他认为，美国应接受中国的影响和威信在亚太地区必然上升这一前景，还应看到美中在东北亚和中亚有共同的地缘政治利益。他说，中国当前的目标是希望看到美国因在亚太力量减弱而需要以中国为伙伴和盟友，其实中国也应该把留在亚太的美国看成天然盟友。他认为，美中关系恶化会对整个亚太地区和美国的欧亚战略产生严重后果，因而应该尽力避免这一前景。

总的看来，他对中国的有些估计和对中美关系的观察和分析还是比较现实的。但书中对中国社会制度的看法是我们无法接受的。

中国一定会发展壮大，这已为举世所公认。但不管中国多么强大，它都不会去争夺所谓主导权，无论是地区的还是全球的，因此势力范围的概念是和它套不上的。当然，随着国力的逐步增强和改革开放政策的日益深化，中国在亚太地区和整个国际事务中势必将发挥越来越重要的作用，对地区的繁荣与稳定，为世界的和平与发展作出越来越大的贡献，同周边国家也会不断增进睦邻友好的合作关系。如果说中国因此进一步受到邻国的尊重，那倒是合乎逻辑的。但是国与国间的尊重从来都是相互的。一国对别国不够尊重肯定换不来别国对自己的更多尊重。在亚太地区，中国追求的是相互尊重和平等互利的国际关系，无意于经营什么影响范围。其实，在各大国之间划分势力范围，只是帝国主义瓜分殖民地和雅尔塔体系下的观念和实践，理应随着时代的变化遭到彻底的摒弃。一贯反对任何形式的霸权主义，自己也绝不称霸，这一立场也是邓小平理论的一个组成部分。中国不会像一些外国评论家所认定或担心的那样，随着国力的增强而变得日益独断专行和咄咄逼人。

中美之间确实存在着诸多共同利益，两国应该避免冲突，寻求合作。布热津斯基博士的这些看法无可非议。但是，他的关于中美可能发生冲突以及导致冲突的原因等分析判断，就大可商榷了。他说，中国之所以"把美国视为敌手"，同美国对中国的国内政治有所保留以及美国和中国台湾有紧密的联系相关。其实，中国只是要求美国尊重中国的独立和主权，不要干涉中国内政和阻挠中国统一，主张平等相处，互利合作，并没有把美国视为敌手，更不认为中美有必然发生冲突的根源。中国不干涉美国的内政,不认为美国的政体发生什么变化事关中国的国家利益,不寻求在亚太地区损害美国的合法利益。美国在亚太地区的影响和作用是增强还是减弱,取决于美国的行为和政策是否有利于该地区的稳定和繁荣。在台湾问题上,中国的基本政策是一国两制、和平统一。这应该是符合美国在亚太地区的利益的。当然,如果美国视台湾为它的势力范围,要长期保持海峡两岸的分裂状态,阻挠中国的统一,那就另当别论了。

二、美国的世界地位问题

布热津斯基博士认为,美国作为真正意义上的全球性大国,前无古人,后无来者;美国霸权是新型的,不同于过去一切帝国那样是建立在直接控制基础之上的;美国建立冷战后世界秩序的构想源于美国的国内政治和社会模式,其实现主要是借助美国价值观和制度对其他国家的间接影响;由于美国的政治体制、多元社会和社会思潮所具有的某些特点,以及美国经济实力继续相对下降的趋势,它有可能成为世界上第一个没有能力或没有意愿对外运用其实力的超级大国。他认为,美国的欧亚地缘战略目标是要防止在这里出现一个能够主导欧洲或亚洲从而向美国提出挑战的大国,还要防止欧亚主要国家相互间形成排斥美国的联合;美国应使欧亚的力量均衡,有利于保持美国政治仲裁者的地位。

这些看法不免使人产生两点疑问和感想。

首先,像美国许多现实主义学者一样,布热津斯基博士也看到美国内部以至整个西方世界内部有许多令他们担忧的问题。这些问题的存在同他认为美国所应有的全球抱负有着很大的矛盾。他在另一部著作《大失控——21世纪前夜的全球动荡》中,就已经谈到美国社会解体的危险和所存在的精神危机,指出连成熟的民主社会也孕育着自己的抗体,美国社会不能成为世界楷模,道义上、经济上都是如此。在《大棋局》一书中他又提到,美国日益变成一个多元文化的社会,主导文化已日益为个人享乐主义和(对社会责任的)逃避主义所主宰;美国已越来越难以为长期保持在世界的领导地位而在国内取得必要的政治共识。这种发展显然与美国在国外持续行使霸权不大合拍。但是另一方面,他又指出,美国的全球性大国地位要通过美国设计的全球性体系得到实现,而这一设计反映的则是美国国内的经验。既然看到美国的国内经验并不完美,他对于建立起美国期望看到的全球性体系的信心大概也不会很强。鉴于他认为在十年或更长的一段时间内,还没有任何力量中心会对美国的全球抱负构成重大挑战,那么,这段时期美国面临的挑战是否主要来自内部呢? 若然,这种担心看来是有一定道理的。

其次,美国同其他国家发展良好关系和其他国家相互之间增进关系以至联合有什么矛盾? 布热津斯基说,中、俄和伊朗的反霸联合是最危险的;中日联合的潜在影响更大;在遥远的未来,欧洲在大分化大改组中出现德俄勾结或法俄和解也不无可能。不过,他认为这些情景在近期内都不致出现。

很明显,这些担心都是以美国要领导世界和维护全球霸权为出发点的。这才能得出反霸就是反美,也就是对美国的威胁这样的结论。其实冷战后的国际秩序应该是国家不分大小、强弱、贫富一律平等,和平共处,友好合作,不应再有领导者和被领导者之分。如果一个国家推行霸权主义、干涉别国的内政和指挥别国的对外活动,那自然会遭到别国的反对。正是美国自身的霸权行为必然激发对这种行为的挑战。可以预期,随着多极化的迅速发展,反对霸权主义的声势和规模会越来越大,霸权主义会越来越孤立。这应被看作国际社会进步和国际关系民主化的表现。

另外还应看到,随着两极格局的崩溃,国家关系已不再是零和游戏,也不再是非此即彼——不是站在这一边就是站在那一边。就是大国关系,也有相互制约和相互促进的两面。两个大国关系的改善和合作,对其他大国既有制约作用,更可能促进同它们两方关系的发展。如果抱着冷战思维和强权政治不放,大国之间加强和扩大针对特定对象的军事同盟,那只能对国际关系产生消极影响。如果各国都采取明智做法,世界格局和国际形势发展倒是有可能导致一种双赢、多赢以至普遍赢局面的出现。

上面就中国和中美关系以及美国在世界上的地位和作用这两个问题谈到的一些看法,当然不能涵盖全书的主要内容。《大棋局》的思想内容十分丰富,提出了许多发人深思的问题,更有不少独到的见解,读后可以从不同的角度得到不同的收获和理解。作者作为美国的政治家,其不少观点是我们难以苟同的。这本书的中译本出版发行后,肯定会在中国读者中受到重视,引起更多的讨论。

本书中译本能够比较及时地出版发行,应该归功于上海人民出版社陈昕社长和中国国际问题研究所杨成绪所长。没有他们的组织领导,就没有现在的这部中译本。华东师范大学人文学院院长冯绍雷教授在出版社和研究所的沟通中发挥了关键作用。中国国际问题研究所的金君晖、潘同文、叶正佳、王海涵、元简、董漫远、李碧建、荣鹰等同志在繁忙的研究工作之外分担了翻译工作,最后由副所长周兴宝研究员审校定稿。感谢他们为中译本付出的辛勤劳动!

目 录

1

引言　超级大国政治

自从世界各大洲在大约五百年前开始在政治上相互影响以来，欧亚大陆一直是世界力量的中心。当一些个别的欧亚大陆国家取得特殊地位并且享受身为世界首要国家的特权时，居住在欧亚大陆上的一些民族——虽然大多是居住在这一大陆的西欧周边的民族——在不同的时候以不同的方式渗入和控制了世界其他地区。

在 20 世纪的最后 10 年中，世界事务发生了结构性的变化。一个非欧亚大陆国家破天荒第一次不仅是作为欧亚大陆大国关系的主要仲裁者，而且也是作为世界上首屈一指的大国出现了。苏联的失败和崩溃是一个西半球大国美国迅速上升为唯一的而且的确也是第一个真正的全球性大国的进程中的最后一步。

可是，欧亚大陆依然保持着它地缘政治的重要性。不仅它的西部周边——欧洲——依然是世界大部分政治和经济力量的所在地，而且它的东部地区——亚洲——最近也成了经济增长和政治影响上升的极其重要的中心。因此，在全球都进行了介入的美国如何应付复杂的欧亚大陆的大国关系——特别是美国是否阻止一个占主导地位和敌对的欧亚大陆大国的出现——对美国在全球发挥首要作用的能力依然是极为重要的。

因此,除了培育力量的各种新领域(技术、通信、信息以及贸易和金融)之外,美国的对外政策还必须继续关注地缘政治问题,而且必须在欧亚大陆运用它的影响,以建立一种以美国为政治仲裁者的稳定的大陆均势。

这样,欧亚大陆就成了为争夺全球首要地位而继续进行斗争的棋盘。这一斗争中包含着地缘战略——即对地缘政治利益作战略上的掌管。值得注意的是,近在 1940 年,两个渴望获得全球性力量的人阿道夫·希特勒和约瑟夫·斯大林(在那年 11 月的秘密谈判中)达成明确的协议:美国应被排除在欧亚大陆之外。他们两人都认识到美国力量注入欧亚大陆将会阻止他们征服全球的野心。他们两人都同意欧亚大陆是世界的中心而谁控制了欧亚大陆也就控制了世界这一假定。半个世纪之后,这个问题已有了新的含义:美国在欧亚大陆的首要地位能否持续下去和美国的首要地位会为何目的而使用?

美国政策的最终目标应该是善良的和有眼光的:依照长期的潮流和人类的根本利益建立一个真正合作的全球大家庭。但与此同时,在欧亚大陆上不出现能够统治欧亚大陆从而也能够对美国进行挑战的挑战者,也是绝对必要的。因此,制定一项全面和完整的欧亚大陆地缘战略是本书的目的。

兹比格纽·布热津斯基
华盛顿,哥伦比亚特区
1997 年 4 月

第一章　新型的霸权

　　霸权像人类一样古老。但是,美国当前在全球的至高无上的地位,在它形成的飞快速度、涵盖的全球性范围以及使用的方式上,却都有自己的特点。在仅仅一个世纪的时间里,美国既改造了自己,也受国际动态的改造——从一个相对孤立于西半球的国家,变成一个影响和控制力前所未有地遍及全世界的大国。

通向全球至高无上地位的捷径

　　1898 年的美西战争,是美国在海外进行的第一次征服性战争。这场战争使美国的力量深入太平洋,越过夏威夷,到达菲律宾。到 19 世纪末,美国的战略家们已在忙着创立主宰两大洋的学说,而美国海军已经开始向英国"统治着海洋"的观念提出挑战。美国声称它享有西半球安全的唯一保护人的特殊地位。这一点是门罗主义在 19 世纪早些时候就已提出的,而且后来又被美国所称的"天定命运论"证明是合理的。美国的这一要求甚至还因巴拿马运河的开通而被进一步加强。巴拿马运河有助于海军对大西洋和太平洋这两大洋的控制。

美国经济的迅速工业化为美国地缘政治抱负的膨胀提供了基础。到第一次世界大战爆发时,美国不断增长的经济力量已经大约占全球国民生产总值的33%,使美国取代英国而成为世界第一工业大国。美国的这种突出的经济活力是由一种崇尚试验和创新的文化培育出来的。美国的政治制度和自由市场经济为雄心勃勃的和不迷信传统偶像的发明家创造了前所未有的机会。这些发明家在追求他们个人的梦想时,不受旧时的传统特权或死板的社会等级制度的约束。总之,美国的民族文化绝无仅有地适宜于经济增长。这种文化吸引和对来自海外的最有才能的人的迅速同化,也促进了国家力量的发展。

第一次世界大战为美国把军事力量大量投放到欧洲提供了第一个机会。一个在那以前一直相对孤立的大国迅速地把它的数十万军队运往大西洋的那一边。这次跨越大洋的军事远征在规模和范围上都是空前的,标志着在国际舞台上出现了一个新的主要角色。同样重要的是,这次世界大战还促使美国第一次作出重大的外交努力,运用美国的原则来寻求欧洲国际问题的解决。伍德罗·威尔逊(Woodrow Wilson)著名的十四点计划表明,美国的理想主义注入了欧洲的地缘政治,而且美国的理想主义又由于美国的力量而得到加强。(在这之前的15年,美国在解决俄国与日本在远东的一次冲突中曾经起过主要的作用,从而展现了美国日益上升的国际形象。)美国的理想主义与美国的力量的融合,使人们感觉到了美国在世界舞台上的存在。

可是,严格地说,第一次世界大战仍然主要是一次欧洲战争,而不是一次全球性战争。但是,这次大战自我毁灭的特性标志着欧洲对世界其他部分在政治、经济和文化上的优势开始告终。在这次战争的过程中,没有一个欧洲大国能够决定性地占上风——而这次战争的结果却深深地受到一个正在崛起的非欧洲大国美国卷入的影响。从此以后,欧洲越来越成为全球大国政治的客体,而不是主体。

然而,美国对世界的这次短暂领导,并未导致美国对世界事务持续不断的介入。相反,美国很快地退回到自我满足的孤立主义与理想主义相结合的那种状态。虽然到了20世纪20年代中期和30年代初期,极权主义正在欧洲大陆积聚力量,美国这个大国——那时已经拥有一支强大的能够在两大洋作战的舰队,并明显地超过了英国海军——仍然保持不介入的态度。美国人更喜欢当全球政治的旁观者。

与那种倾向一致的是,美国的安全概念是建立在把美国看作一个大陆岛这一观点的基础上的。美国的战略集中在保护它的海岸,因而在范围上只限于本国,很少考虑国际或全球的问题。在国际舞台上起决定性作用的角色仍然是各欧洲大国和正日益突出的日本。

世界政治中的欧洲时代的最后终结发生在第二次世界大战的过程中。这是第一场真正的全球战争。它在三大洲同时进行,又在大西洋和太平洋上进行着激烈的争斗。当英国士兵和日本士兵——他们分别代表着一个遥远的西欧岛屿和一个同样遥远的东亚岛屿——在远离他们家乡万里之外的印度—缅甸边境上发生冲突时,这次战争的全球规模便象征性地显示出来了。欧洲和亚洲已经变成同一个战场。

假如这次战争的结果是纳粹德国的明显胜利,一个单一的欧洲大国便可能成为一个享有全球优势的国家。（假如日本在太平洋胜利了,就可能使日本成为在远东占主导地位的角色,但是十有八九日本仍然只是一个地区性的霸主。）然而,德国的失败主要是由两个欧洲以外的胜利者——美国和苏联决定的。这两个国家继承了欧洲未完成的对全球霸主地位的寻求。

那以后的五十年是由美苏两极争夺全球霸主地位的斗争支配的。美国和苏联之间的争夺,是地缘政治学家们最心爱的理论的实现:这一争夺使控制着大西洋和太平洋的世界上最大的海洋国家与在欧亚大陆中心居于首位的世界上最大的陆地国家(中苏集团的地盘很能使人回想起蒙古帝国的版图)相互对立。地缘政治的规模再清楚不过了:北美洲与欧亚大陆相对峙,影响整个世界的命运。胜利者将真正地控制全球。一旦最后夺取了胜利,就再也没有别人挡道。

对立的双方都向全世界宣传自己的充满历史乐观主义的思想信念。这种信念使每方在加强其必胜的信心时,都能理直气壮地作出必要的努力。每方在自己的地盘内都明显地处于主导地位而不像那些渴望获得全球霸权的欧洲帝国没有一个曾经成功地在欧洲本身范围之内运用过决定性优势。而且美苏每一方都利用自己的意识形态来加强对各自仆从国和附庸国的控制。这又有点使人想起宗教战争的年代。

全球地缘政治的范围加上双方都宣称它们的互相竞争的教条是普遍适用的,就使双方之间的争夺变得空前的激烈。但是,另外一个也具有全球性含义的因素使这一争夺真正独一无二。核武器的出现,意味着两个主要争夺者之间典型的迎头相撞的战争,不仅将使它们相互毁灭,而且会给相当大的一部分人类带来致命的后果。因此,冲突的激烈程度同时受到两个对手极大的自我克制的制约。

在地缘政治方面,冲突大都发生在欧亚大陆本身的周边地区。中苏集团主宰着欧亚大陆的绝大部分,但是没有控制它的周边地区。美国在辽阔的欧亚大陆最西部和最东部的海岸都成功地确立了自己的地位。保卫这些大陆桥头堡(集中体现在西部"战线"的柏林封锁和东部"战线"的朝鲜战争中)因而成了后来被称为冷战的那个时期的第一次战略考验。

在冷战的最后阶段,第三条防御"战线"即南部战线在欧亚大陆的地图上出现了(见图1.1)。苏联入侵阿富汗促使美国从两方面作出了反应:美国直接援助阿富汗的民族抵抗活动使苏军陷入困境;在波斯湾建立大规模的美国军事存在作为威慑力量,以阻遏苏联政治或军事力量任何进一步的南下。美国承诺保卫波斯湾地区,把这一地区视为与欧亚大陆西部和东部的安全利益同等重要。

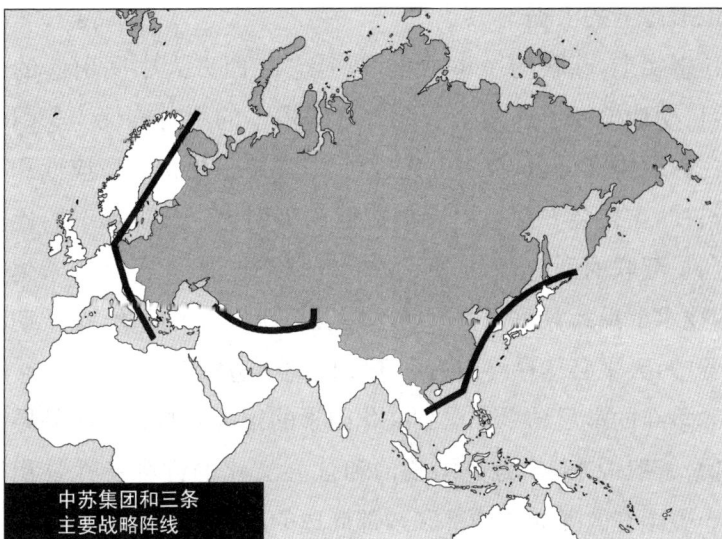

中苏集团和三条
主要战略阵线

图 1.1

　　美国对欧亚大陆集团为有效地支配整个欧亚大陆所作努力的成功遏制,意味着争夺的结果最后是由非军事手段决定的。因为双方都害怕一场核战争,直到最后谁也未敢挑起直接军事冲突。政治上的生命力、意识形态上的灵活性、经济上的活力和文化上的吸引力,变成了决定性因素。

　　美国领导的联盟保持了它的团结,而中苏集团却不到20年就分裂了。部分原因是同共产主义阵营的等级森严、教条主义和脆弱的特性相比,民主的联盟有较大的灵活性。民主的联盟有共同的价值观,却没有拘泥于形式的教条格式。共产主义阵营强调教条的正统性,只有一个中心说了算。追随美国的主要国家也比美国弱得多,而苏联却不能无限期地把中国作为它的部属来对待。出现这种结果也是由于美国方面被证明在经济上和技术上具有大得多的活力,而苏联却逐渐停滞,在经济增长和军事技术上都无力与美进行有效的竞争。经济的衰落又引起了意识形态上的沮丧。

　　事实上,苏联的军事力量,以及它在西方人中间引起的恐惧,长期地模糊了这两个争夺者之间根本的不对称性。美国明明白白地要富得多,技术上先进得多,军事上更富有适应性和革新精神,在社会方面也更有创造性和吸引力。意识形态的桎梏削弱了苏联的创造潜力,使它的制度越来越僵化、经济越来越浪费、技术上更无竞争力。只要不爆发相互毁灭的战争,在长期的竞赛中,天平必然最终向有利于美国的一边倾斜。

　　争夺的最后结果也受到文化因素的很大影响。美国领导的联盟,一般说来,认为美国政治和社会文化的许多特性是积极的。美国在欧亚大陆西部和东部周边的两个最重要的盟友德国和日本,都是在几乎无保留地赞赏美国的一切这一背景下恢复了它们的经济。美国被广泛地看作代表着未来,是一个值得钦佩和仿效的社会。

与此形成对照的是,俄国却在文化方面受其大多数中欧仆从国的鄙视,它主要的和日益自信的东部盟国中国对它甚至更加鄙视。对中欧人来说,俄国的控制意味着使中欧人同他们认为是他们哲学和文化故乡的西欧及其基督教宗教传统分离。更糟的是,这还意味着这是受中欧人往往不公正地认为文化上比他们低的一个民族的统治。

对中国人来说,"俄"音同"饿",俄国意味着"饥饿的土地"。他们更是公开地鄙视俄国。虽然中国人对莫斯科声称苏联模式具有普遍意义最初只是悄悄地提出质疑,但在中国共产党革命之后不到十年,他们就对莫斯科意识形态上的领袖地位提出了有力的挑战,甚至开始公开表示出他们对北方邻邦野蛮人的传统鄙视。

最后,在苏联内部,占人口50%的非俄罗斯人最后也拒绝了莫斯科的统治。非俄罗斯人政治上的逐渐觉醒意味着乌克兰人、格鲁吉亚人、亚美尼亚人和阿塞拜疆人,开始把苏联看作一个外来的帝国统治的一种形式,而统治者却是一个在文化方面并不比他们高的民族。在中亚,民族的抱负可能弱一些。但在这里,这些民族却受到另外的正在逐渐上升的伊斯兰认同感的鼓舞,这种伊斯兰认同感又因人们了解到其他地方正在进行的非殖民化而得到加强。

像苏联以前的很多帝国一样,苏联最后从内部爆炸和瓦解了。其原因并不是直接的军事失败,而主要是由经济和社会问题加速引起的分崩离析。苏联的命运证实了一位学者的正确看法:

帝国在政治上生来就是不稳定的,因为下属单位几乎总是喜欢享有更大程度的自治。而且这些单位的那些反对派精英几乎总是抓住机会采取行动以取得更大程度的自治。从这个意义上说,帝国不会被攻克,而只会分崩离析。这种分崩离析通常是非常缓慢的,但有时也会非常迅速。[1]

第一个全球性大国

美国对手的垮台使美国处于一个独一无二的地位。它成为第一个也是唯一的一个真正的全球性大国。可是,美国在全球的至高无上的地位在有些方面使人联想起早期的帝国,尽管那些帝国规模较小,只是地区性的。那些帝国的力量建筑在由仆从国、附庸国、保护地和殖民地加上一般被看作是野蛮人的帝国以外的人组成的等级制度的基础之上。对当前美国圈子之内的某些国家来说,那种过时的术语在某种程度上并非完全不适宜。像过去一样,美国"帝国"力量的发挥在很大程度上来自占优势的组织程度,来自为军事目的而迅速动员巨大的经济和技术资源的能力,来自美国生活方式的那种说不清道不明但又很重要的文化上的吸引力,来自美国的社会和政治精英十足的活力和固有的竞争力。

以往的帝国也有这些特征。首先想到的是罗马帝国。罗马帝国的建立经历了大约两个半世纪,是通过不断地向北接着又向西和向东南扩张领土,以及通过维护涵盖地中海全部海岸线的有效海上控制而建立起来的。在地理范围方面,罗

马帝国在公元 211 年前后达到了顶峰（见图 1.2）。罗马帝国
实行的是中央集权制政体。它的经济是单一的自给自足经
济。罗马帝国是蓄意和有目的地通过一个政治和经济组织的
复杂体系来发挥力量的。它以战略的眼光设计的陆路和海军
航道体系，是以首都为起点的。一旦出现对安全的重大威胁
时，用这个体系可以很快地重新部署和集结驻扎在仆从国和
附属省的罗马军团。

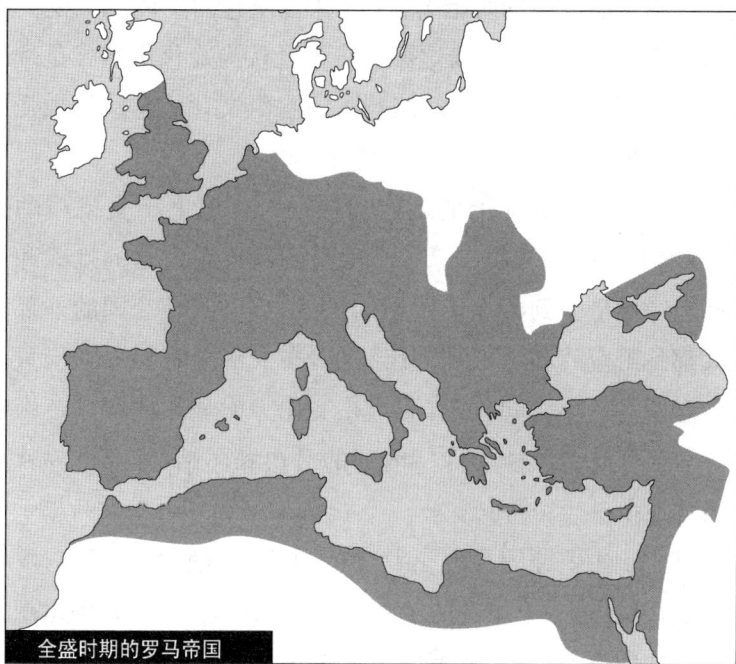

全盛时期的罗马帝国

图 1.2

在罗马帝国的极盛时期，部署在海外的罗马军团人数不下
30 万，是一支很庞大的武装力量。罗马在战术和军备上的优势
以及帝国中心拥有指挥军队较快重新部署的能力，使在海外的
罗马军团更能置人于死地。（人们会惊奇地注意到，比罗马帝国

的人口多得多的超级大国美国,1996 年也在海外驻扎了 29.6 万名职业军人来保护它统治的领地的外部地区。)

可是,罗马帝国的力量还来自一个重要的心理现实。Civis Romanus Sum——"我是个罗马公民"——是人们对自己的最高定位,使人感到自豪,也是很多人的愿望。高高在上的罗马公民地位后来甚至授予那些非罗马出生的人,并且成为文化上优越性的表现。这种文化上的优越性使罗马帝国的使命感合情合理。它不仅使罗马的统治合法化,并且使它的臣民愿意受到同化和被包括在帝国的框架之中。统治者认为文化优越感是理所当然的,而被统治者也承认是这样。这样,文化优越感便加强了帝国的力量。

这个享有至高无上的地位和在很大程度上不受挑战的帝国,持续了大约三百年。除了一度受到邻近迦太基的挑战和在东部边缘地带受到帕提亚帝国的挑战之外,罗马帝国的外部世界大都是野蛮的和缺乏严密组织的,在大部分时间里它们只能偶尔对罗马帝国发起攻击,而且在文化方面显然比罗马帝国低下。只要罗马帝国能够保持内部的活力和团结,外部世界就无力与之竞争。

有三个主要原因导致了罗马帝国的最后崩溃。第一,罗马帝国变得过大,一个单一的中心已难以对其进行统治,但是把它分成东西两半,又自动地破坏了它的权力的垄断性。第二,帝国长期的狂妄自大造成了文化上的享乐主义,使政治精英逐渐丧失了雄心壮志。第三,持续的通货膨胀破坏了这一体系的那种维持自身又无须作出社会牺牲的能力,而公民们已不再愿意作出那种社会牺牲。文化上的衰败、政治上的分裂和财政上的通货膨胀加在一起,使罗马帝国抵挡不住甚至是境外邻近的野蛮民族的攻击。

用当代的标准来衡量,罗马帝国并不是一个真正的全球性大国,而只是一个地区性大国。可是,由于当时全球各大洲之间盛行的孤立意识,罗马帝国的地区力量是独立自足的和孤立的,既无邻近的甚至也无远方的对手。因此,罗马帝国本身就是一个世界。它的优越的政治组织和文化优越性使它成为后来的地域更大的各帝国体系的先驱。

即使如此,罗马帝国也并非是独一无二的。罗马帝国和中华帝国几乎是同时出现的,虽然两者互不知晓。公元前221年(罗马同迦太基之间的布匿战争正在进行的时候),秦统一了当时存在的七国,建立了第一个中华帝国,七国的统一促使在中国北部修筑了万里长城,使帝国内地免受外部世界野蛮民族的进犯。此后的汉朝帝国在公元前140年已经开始出现,它的领土范围更大,组织也更完善。到了公元开始的时候,在汉朝统治之下的人口不下5700万。这个庞大的人口数字本身就是空前的,同时也证明,通过集权的严厉的官僚体制进行中央统治是非常有效的。汉朝帝国的统治扩大到今天的朝鲜、蒙古的一些部分和中国今天的大部分沿海地区。可是,汉朝帝国也像罗马帝国那样,受到内部弊病的折磨,并且于公元220年分裂为三个独立的王国而加速了它的最后崩溃。

中国以后的历史是统一和扩张继之以衰落和分裂的反复循环。中国不止一次成功地建立了帝国体系。这种体系独立自足、孤立、不受任何外部有组织的对手的挑战。汉朝一分为三的局面在公元589年发生了逆转,结果一个很像帝国体系的朝代重新出现。但是,中国最孤行专断的帝国时期是在清朝,具体地说是在清朝的早期。到了18世纪,中国又一次成为一个完全合

格的帝国。它有一个帝国中心,周围是其势力范围,包括今天的
朝鲜、印度支那、泰国、缅甸和尼泊尔。这样,中国的统治从今天
俄罗斯的远东部分起一直越过南西伯利亚到贝加尔湖,深入到
当今的哈萨克斯坦,向南到达印度洋,然后回过头来向东,又覆
盖了老挝和越南的北部(见图1.3)。

图 1.3

　　像罗马帝国那样,这个帝国也是个复杂的金融、经济、教育
和安全组织。它用所有这些手段对大片领土和在这片领土上生
活的三亿多人民进行统治。它特别强调集中的政治权威。这一
集中的权威得到非常有效的驿使服务的支持。整个帝国被分成
四个从北京伸展出去的地区,同时还划定了驿使可以分别于一
周、两周、三周和四周内到达的地区的界线。经过专门职业训练

和通过竞争挑选出来的集中的官僚体系成为保证统一的主要
手段。

还是像罗马帝国那样，这种统一被一种强烈感觉到和根深
蒂固的文化优越感加强、合法化和支撑。儒家学说加强了这种
文化优越感。儒学是一种非常适用的哲学，它强调和谐、等级制
度和纪律。中国——天朝——被看成是宇宙的中心，在它的周
边和周边以外的全是野蛮人，而身为中国人就意味着有教养。
因此，世界的其他部分都应对中国表示敬服。甚至在 18 世纪晚
期中国日益衰落的阶段，中国皇帝给英国国王乔治三世的答复
中也浸透着那种特殊的优越感。乔治三世的使者曾试图以贡献
一些英国工业产品作为友好的礼物来引诱中国与之建立贸易关
系。中国宣布的答复是：

> 承蒙天恩，朕指示英国国王注意朕的训令：天朝统治四
> 海内的一切……并不看重稀有贵重的物品……朕也丝毫不
> 需要贵国的产品……

> 因此，朕已命令你的进贡使者平安地回国。你国王应
> 该完全按照朕的愿望行事，强化你的忠诚和发誓永远服从。

中国历朝帝国的没落和垮台也主要是由于内部的因素。后
来的西方"野蛮人"取得胜利，是由于中国内部的疲劳、腐败、享
乐主义和丧失经济和军事上的创造性。这削弱了中国人的意
志，接着加速了中国人意志的崩溃。外部大国对中国内部的虚
弱的利用——英国在 1839—1842 年的鸦片战争中，一个世纪以
后还有日本——又使中国人产生了深刻的文化上的屈辱感。这
种屈辱感在整个 20 世纪都激发着中国人，而且由于中国人根深
蒂固的文化优越感与帝国之后他们地位一落千丈的政治现实之
间的冲突，这种文化受辱感变得更加强烈。

与罗马帝国十分相像,中华帝国在今天会被定位为一个地区性大国。但是在中国的全盛时期,中国在全球没有可以与之相匹敌的国家,这是指没有其他大国能够向中国的帝国地位挑战,甚至如果中国想进一步扩张的话,也不会有任何其他大国能抵挡得了其扩张。中国是自成体系和自给自足的,它主要建立在得到认同的种族同一性的基础之上,对异族和地理上处于周边的附庸国,中央只比较有限地使用力量。

中国有很大的和居于统治地位的种族核心,这就使中国有可能每过一段时间恢复其帝国。在这方面中国与别的帝国大为不同。其他帝国中人口数量少但受霸权主义驱使的民族,能够在一个时期内对人数比之多得多的异族居民强行统治并维系这种统治。可是,这类核心小的帝国的统治一旦被推翻,再要恢复帝国就不可能了。

为了寻找与当今定义的全球性大国更加近似的情况,我们必须把注意力转向蒙古帝国的引人注目的现象。蒙古帝国是通过它与一些组织完善的主要对手的激烈斗争而出现的。在被打败的对手中有波兰和匈牙利王国、神圣罗马帝国的军队、俄国和俄罗斯的几个公国、巴格达的哈里发辖地等,后来甚至还打败了宋朝,建立了元朝。

成吉思汗及其继承者在打败了他们的地区性对手之后对领土确立了中央集权制的控制。这块领土被后来的地缘政治学者称为全球的中心地带,或者称为世界力量的中枢。他们的欧亚大陆帝国从中国海海岸开始,一直延伸到小亚细亚的安纳托利亚和中欧(见图1.4)。就中央集权控制邻近领土的范围而言,只有斯大林的中苏集团的全盛时期才能够在欧亚大陆上最后与蒙古帝国相比。

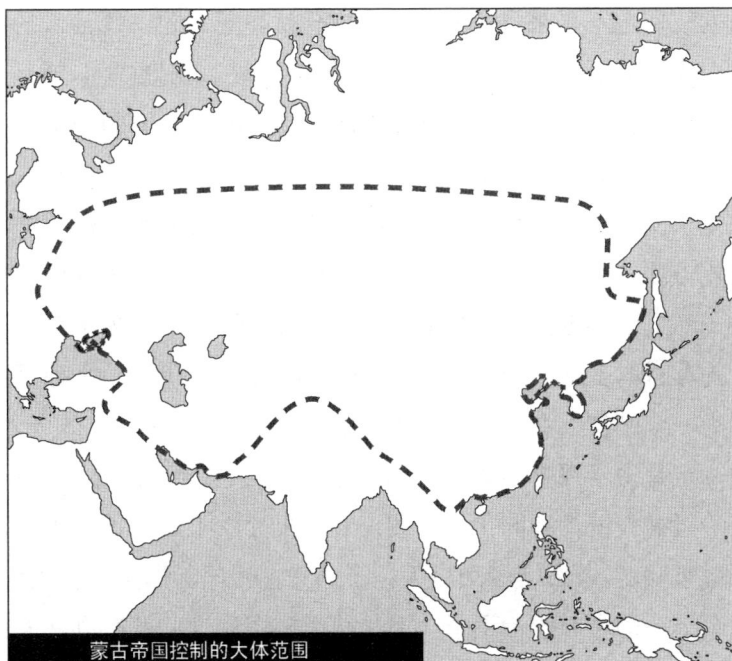

蒙古帝国控制的大体范围

图 1.4

　　罗马、清帝国和蒙古帝国是后来渴望成为全球性大国的那些国家的地区性先驱。拿罗马和清帝国的情况来说，就像已经提到过的那样，它们的帝国结构在政治和经济方面都是高度发达的，同时，被普遍承认的帝国中心的文化优越感起了重要的凝聚作用。与之形成对照的是，蒙古帝国更直接地依靠军事征服，接着又以使自己适应当地条件（甚至接受同化），来维持政治统治。

　　蒙古帝国主要建立在军事统治的基础之上。蒙古人的统治是通过巧妙和残酷地运用占优势的军事战术而实现的，这种战术把部队快速运动的非凡能力与部队的及时集结结合起来。蒙古人的统治却没有随之而建立有组织的经济或金融体系，蒙古人的权威也不是来自任何自信的文化优越感。蒙古统治者的人数太少,不能形成一个自我繁衍的统治阶级。无论如何,缺乏一种明确和自觉的文化甚或种族的优越感,就使帝国的精英失去了必需的主观信心。

事实上,蒙古统治者证明他们很容易受到被他们征服的在文化方面往往更先进的民族的逐步同化。因而成吉思汗的一个孙子变成了儒教的热情宣扬者,成吉思汗的另一个孙子在当波斯的苏丹时变成一个虔诚的穆斯林,成吉思汗还有一个孙子则成为一个带波斯文化特色的中亚的统治者。

正是由于那个因素——即由于缺乏有主导力的政治文化,统治者被被统治者同化——和没有解决建立了帝国的成吉思汗的继承问题,蒙古帝国最后灭亡了。蒙古帝国的国土变得太大,一个单一的中心统治不了。但是曾经试图采取的解决办法——将帝国分成几个自给自足的部分——反而在当地促进了更快的同化和加速了帝国的瓦解。这个世界上最大的以陆地为基础的帝国,从1206年至1405年维持了两个世纪之后消失了,没有留下任何痕迹。

从那之后,欧洲成了全球力量的所在地和争夺全球权力的主要斗争的焦点。诚然,在大约三个世纪的过程中,当欧洲实力到达世界各大洲并在那里显示自己时,欧亚大陆小小的西北周边地区国家破天荒第一次通过使用海上力量取得了对全球的真正主宰地位。值得注意的是,西欧霸主国的人口并不很多,特别是同被有效地征服了的人口相比更是如此。然而,到20世纪开始时,除了西半球(这里在此前的两个世纪也曾受到西欧的统治,而且主要居住着西欧移民及其后代)之外,只有中国、俄国、奥斯曼帝国和埃塞俄比亚不在西欧的控制之下(见图1.5)。

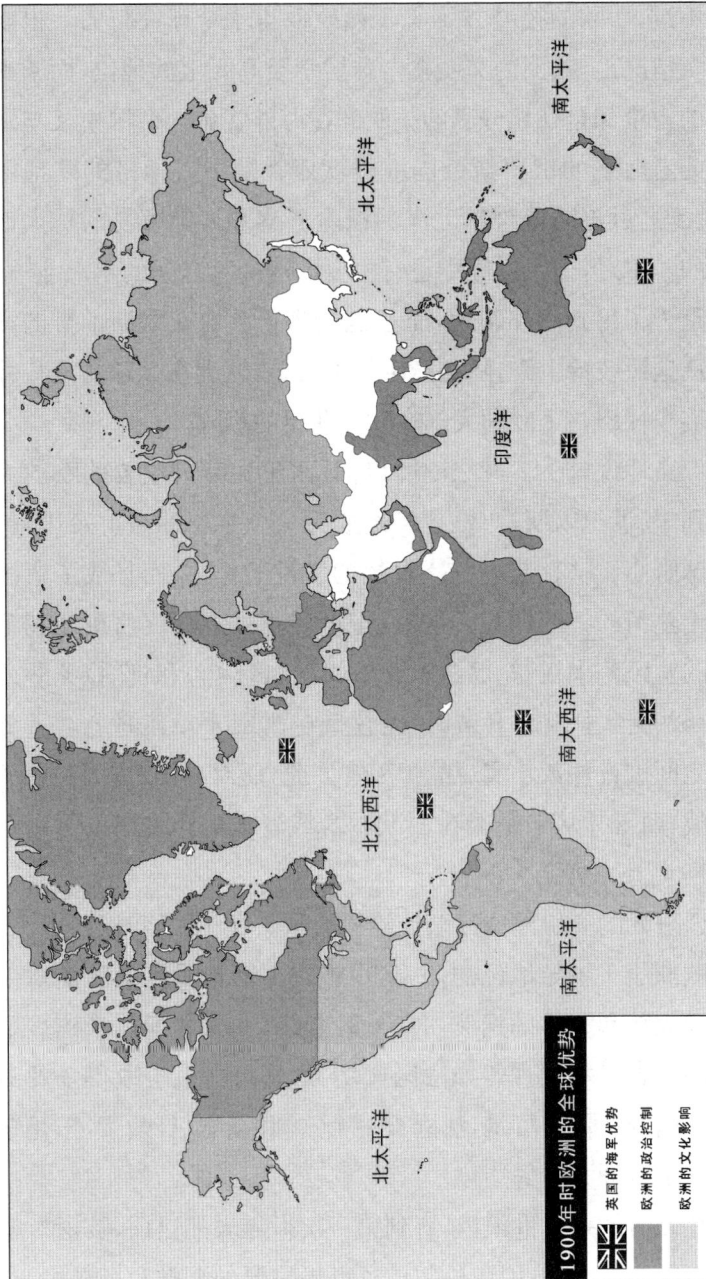

图 1.5

1900年时欧洲的全球优势

英国的海军优势

欧洲的政治控制

欧洲的文化影响

北太平洋

北大西洋

南大西洋

南大平洋

南大西洋

印度洋

北太平洋

南大平洋

19

不过,西欧的控制并不等于西欧取得了全球性权力。根本的现实情况是,欧洲的文明在全球居于至高无上的地位,而欧洲大陆的力量却是互相分割的。欧洲在海外实施的帝国主义与蒙古人或者后来的俄罗斯帝国征服欧亚大陆中心地带的陆地不同,它是通过不断地跨越大洋的探险考察和海上贸易的扩大而实现的。不过,这个过程中也有主要欧洲国家之间的不断斗争,不仅是为了得到海外领地,而且也是为了获取在欧洲本身的霸权。从地缘政治上讲,随后产生的事实是,欧洲在全球的霸权并不发端于任何一个欧洲大国在欧洲获得的霸权。

广义地说,在 17 世纪中叶以前,西班牙是最主要的欧洲大国。到 15 世纪末期,西班牙已经成为一个主要的海上帝国,抱有全球野心。宗教起了统一思想的学说的作用,而且成了帝国传教士热情的一个源泉。诚然,把世界正式划分成西班牙和葡萄牙的殖民范围在《托德西利亚条约》(1494 年)和《萨拉戈萨条约》(1529 年)中规定下来,是经教皇在西班牙和其海上对手葡萄牙之间进行仲裁才实现的。尽管如此,面对英国、法国和荷兰的挑战,西班牙从来未能在西欧本身或者在大洋彼岸取得真正的至高无上的地位。

西班牙的突出地位逐渐让给了法国。在 1815 年以前,法国是在欧洲居于主导地位的国家,尽管它不断地受到其欧洲对手在欧洲大陆和海外的遏制。在拿破仑统治下,法国几乎确立了在欧洲的真正霸权。假如法国成功了,它可能也会取得全球的主导大国的地位。可是,法国被一个欧洲的联盟打败了,于是重新建立了欧洲大陆的均势。

在以后的一个世纪里,直到第一次世界大战以前,英国对全球进行着海上统治,因为伦敦成了世界主要的金融和贸易中心,而英国海军"控制着海洋"。英国在海外明显地处于至高无上的地位。但是,英帝国像早期世界霸权的欧洲追求者一样,也不能单独控制欧洲。相反,它依靠一种错综复杂的均势外交,最后还依靠一项英法协议去阻止俄国或德国对欧洲大陆的控制。

英国的海外帝国地位最初是通过探险考察、贸易和征服三者相结合的手段而取得的。但是,英帝国很像它的罗马和中国先驱者或者它的法国和西班牙对手,也从认为英国文化优越这一看法中获得了很大的持久的力量。那种优越感不仅是帝国统治阶级的主观的骄傲自大,而且也是许多非英国国民共有的一种看法。南非第一位黑人总统纳尔逊·曼德拉说:"我是一所英国学校培养出来的。那时英国是生产世界上每一件最好的东西的地方。我还没有摆脱英国和英国历史及文化给我们的影响。"当文化优越感成功地得到维护和悄悄地被认可之后,它具有减少依赖巨大的军事力量来保持帝国中心的力量的必要性的效果。在1914年,仅仅是几千名英国军事人员和文职官员,就统治着大约一千一百万平方英里的领土和差不多四亿的非英国籍人口(见图1.6)。

总之,罗马主要是通过优越的军事组织和文化吸引力进行统治的。清帝国主要依靠效率高的官僚机构来统治一个建立在共同的种族同一性基础上的帝国,并且通过一种高度发展的文化优越感加强其统治。蒙古帝国把进行征服的先进军事战术与实行同化的偏好结合起来作为统治的基础。英国人(以及西班牙人、荷兰人和法国人)取得卓越地位,是因为他们以贸易开路,随后国旗跟上。他们的统治同样也因占优势的军事组织和文化上的充分自信而得到了加强。但是,这些帝国中没有一个是真正全球性的。甚至英国也不是一个真正的全球性大国。英国并

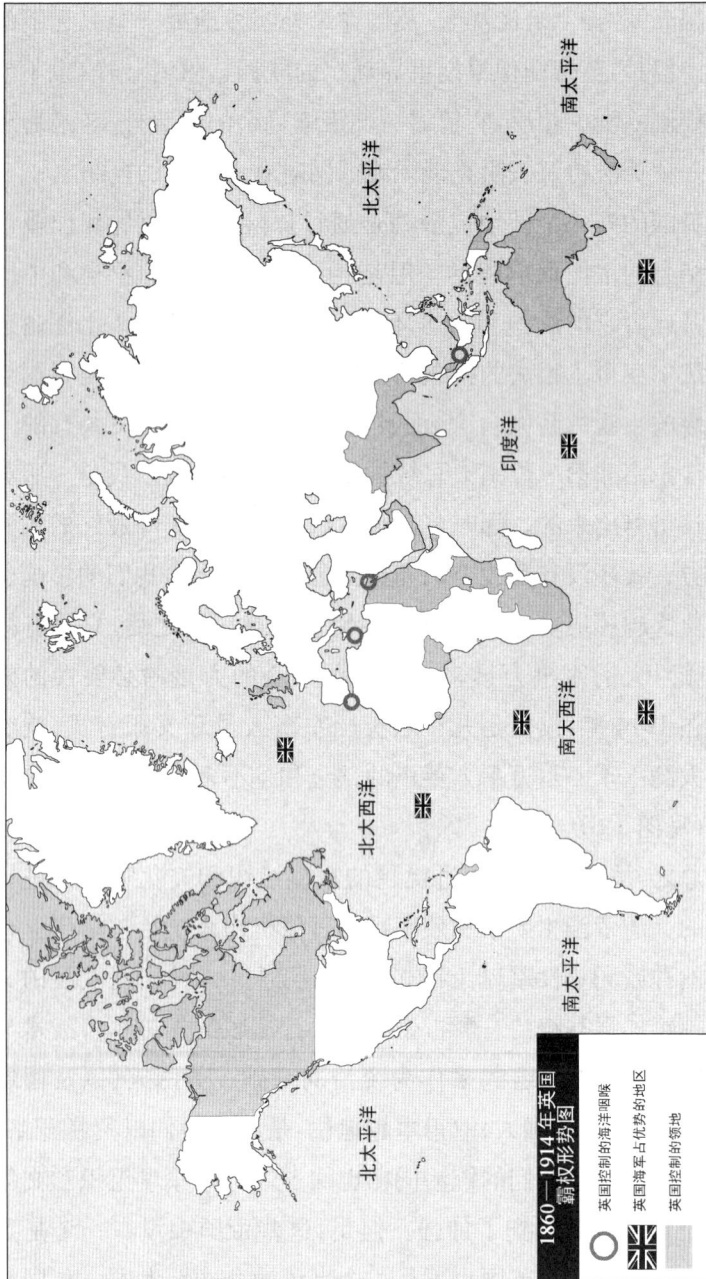

图 1.6

未控制欧洲,而只是使欧洲的力量达到均势。一个稳定的欧洲对英国在国际上的卓越地位是非常关键性的,而欧洲的自我毁灭必然标志着英国首要地位的结束。

与此形成对照的是,今天美国全球力量的范围和无所不在的状况是独一无二的。美国不仅控制着世界上所有的洋和海,而且还发展了可以海陆空协同作战控制海岸的十分自信的军事能力。这种能力使美国能够以在政治上有意义的方式把它的力量投送到内陆。美国的军事部队牢固地驻扎在欧亚大陆,还控制着波斯湾。美国的仆从国和附庸国分布在整个欧亚大陆,其中一些还渴望与华盛顿建立更加正式的联系(见图1.7)。

美国经济的活力为美国在全球起首要作用提供了必要的先决条件。最初,在第二次世界大战刚刚结束之后,美国经济在所有其他国家的经济中鹤立鸡群。美国一国的经济就超过世界国民生产总值的50%。西欧和日本经济的复苏以及随后范围更广的亚洲经济的有力增长,意味着美国在世界国民生产总值中的份额最后不得不从战后初期高得不成比例的水平上往下掉。不过,到后来冷战结束时,美国在全球国民生产总值中的份额,特别是在世界制造业生产中的份额,已经固定在大约30%的水平上。把第二次大战刚刚结束后的那些例外的年份除外,这个比例是20世纪大部分时间里的平均数。

更重要的是,美国保持甚至扩大了它在利用最新科学突破为军事目的服务方面的领先地位,从而建立了一支在技术上无人能够与之相比的军事部队,这是唯一的一支能够有效地在全球发挥影响的部队。在对经济具有决定性作用的信息技术上,美国也一直保持着强大的竞争优势。美国对未来经济中的尖端部门的掌握,意味着美国在技术上的统治地位不可能很快丧失,

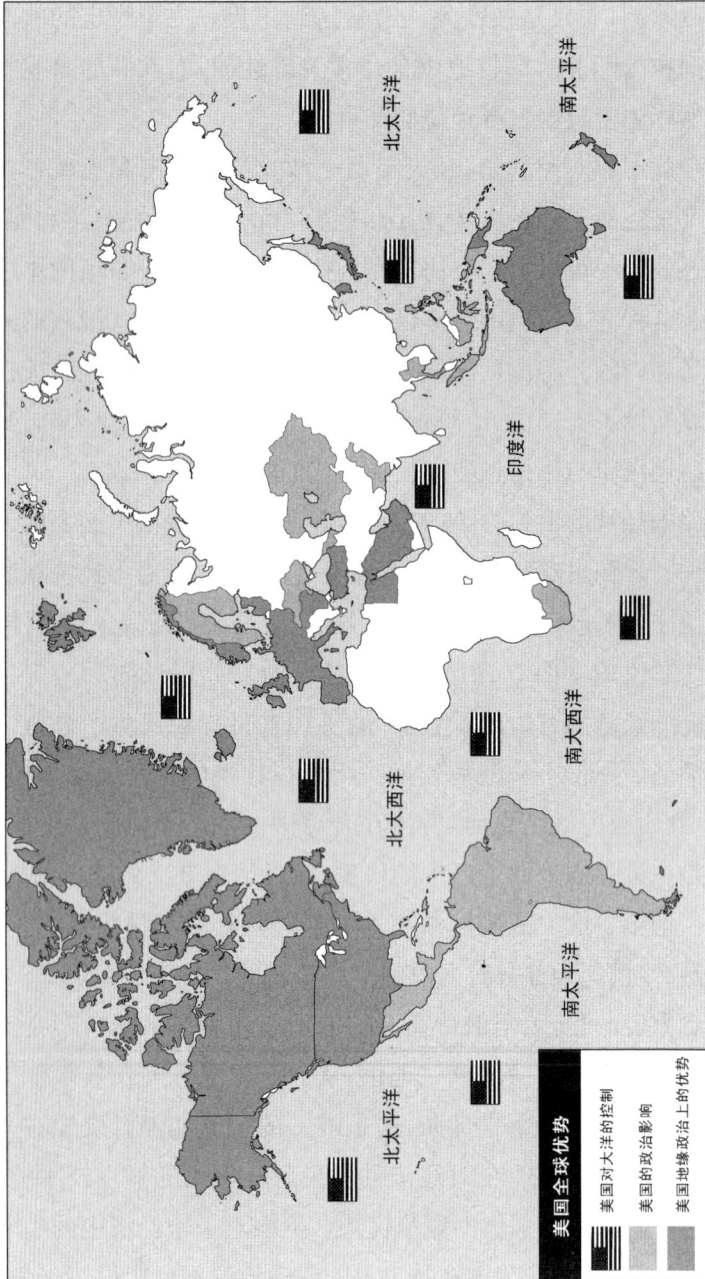

图 1.7

这特别是由于在经济上具有决定作用的领域,美国在生产率方面保持着甚至还在扩大它对西欧和日本对手的优势。

毫无疑问,俄罗斯和中国是痛恨美国这种霸权的大国。在1996年初,俄罗斯总统鲍里斯·叶利钦访问北京的过程中,它们共同作过这样的表示。此外,它们拥有能够威胁美国根本利益的核武库。但是严峻的事实是,在目前和未来的一段时间内,虽然它们能够发动一场自杀性的战争,但是它们两者中的哪一个都无力打赢核战争。它们缺乏远距离投送武装部队以强加它们政治意志的能力,而且它们在技术上远远落后于美国,因此它们不拥有,也不可能很快获得在全世界发挥持久的政治影响的手段。

总之,美国在全球力量四个具有决定性作用的方面居于首屈一指的地位。在军事方面,它有无可匹敌的在全球发挥作用的能力;在经济方面,它仍然是全球经济增长的主要火车头,即使它在有些方面已受到日本和德国的挑战(日本和德国都不具有全球性力量的其他属性);在技术方面,美国在开创性的尖端领域保持着全面领先地位;在文化方面,美国文化虽然有些粗俗,却有无比的吸引力,特别是对世界各地的青年而言。所有这些使美国具有一种任何其他国家都望尘莫及的政治影响。这四个方面加在一起,使美国成为一个唯一的、全面的全球性超级大国。

美国的全球体系

虽然美国在国际上的突出地位,不可避免地使人想起美国同一些早先的帝国体系的相似之处,但是不同之处却更加重要。不同之处超出了领土范围的问题。美国的全球力量是通过一个明显地由美国设计的全球体系来发挥的,它反映了美国的国内经验。美国国内经验最主要的一点就是美国社会及其政治制度的多元性特点。

早先的帝国是由贵族政治精英建立的,大多由实质上是集权主义或者专制主义的政权统治。帝国的多数人或者对政治漠不关心,或者在较近的年代里受到帝国主义的感情和象征的感染。寻求国家的光荣、“白人的重任”、“实现文明的使命”,更不用说寻求个人获利的机会了——所有这些都是用来动员对帝国冒险的支持和保持本质上等级森严的帝国力量金字塔。

美国公众对美国在国外使用美国的力量的态度,一直十分矛盾。美国公众支持美国卷入第二次世界大战,主要是由于日本进攻珍珠港造成的震惊作用。在封锁柏林和随后的朝鲜战争爆发之前,赞同美国卷入冷战最初也是比较勉强的。在冷战结束后,美国成为唯一的全球性大国,并未在公众中引起太多洋洋得意之感,倒是促使公众倾向于对美国在海外的责任作出更加有限的界定。1995年和1996年进行的民意测验表明,一般公众更喜欢与别人“分享”全球力量,而不是由美国一家垄断。

由于这些国内因素,美国的全球体系强调有选择地扩大成员的技术(像对被打败的对手德国和日本,最近甚至像对俄罗斯做的那样),这种强调的程度大大超过早先的帝国体系对此的强调。虽然大大得益于它的民主原则和制度的吸引力,美国的全球体系也在很大程度上依靠对依附它的外国精英们行使间接的影响。由于美国主宰全球通信、大众娱乐和大众文化的巨大但又无形的影响,也由于美国技术优势和全球军事作用的潜在的有形影响，以上这一切都得到了加强。

文化统治是美国全球性力量的一个没有受到足够重视的方面。不管你对美国大众文化的美学价值有什么看法，美国大众文化具有一种磁铁般的吸引力，尤其是对全世界的青年。它的吸引力可能来自它宣扬的生活方式的享乐主义的特性，但是它在全球的吸引力却是不可否认的。美国的电视节目和电影大约占世界市场的四分之三。美国的通俗音乐居于同样的主导地位。同时，美国的时尚、饮食习惯甚至穿着，也越来越在全世界被模仿。互联网的语言是英语，全球电脑的绝大部分敲击动作出自美国，影响着全球会话的内容。最后，美国已经成为那些寻求高等教育者的圣地，有近五十万的外国学生涌向美国，其中很多卓有才干的学生永不再回故国。在世界各大洲几乎每一个国家的内阁中都能找到美国大学的毕业生。

很多外国民主派政治家也越来越仿效美国的风格。不仅约翰·肯尼迪在国外有热切的仿效者，而且年代较近（又较少受到颂扬）的美国政治领导人，也成了被仔细研究和政治上被模仿的对象。文化背景根本不同的日本和英国的政治家（例如 20 世纪 90 年代中期的日本首相桥本龙太郎和英国工党领袖托尼·布莱尔——请注意这个"托尼"就是吉米·卡特、比尔·克林顿或者鲍勃·多尔的"吉米"、"比尔"、"鲍勃"的仿称）都认为模仿比尔·克林顿亲切的言谈举止习惯、平民主义者的平易作风和公共关系的技巧，是完全合适的。

民主理想同美国的政治传统结合起来，进一步加强了一些人眼中的美国的"文化帝国主义"。在民主形式的政府非常普及的时代，美国的政治经验似乎正在成为学习的榜样。全世界都日益普遍地强调成文宪法的重要性和法律高于政治的权宜考虑。不管这种强调在实践中有多大的欺骗性,它靠的正是美国立宪政体的力量。最近,前共产主义国家采取了把文职官员置于大大高于军人地位的做法(特别是以此作为加入北约的先决条件),也是深受美国的平民与军人关系体系的影响。

伴随着美国民主政治制度的吸引力和影响的,还有美国以企业为中心的经济模式的吸引力的增长。美国的经济模式强调全球自由贸易和不受约束的竞争。当西方福利国家,包括德国强调的企业家和工会"共同决策"开始失去其经济势头时,更多的西欧人表示了这样的意见:如果欧洲不想进一步落后的话,就必须仿效美国更有竞争力的甚至是残酷无情的经济文化。甚至在日本,经济行为中更大程度的个人主义,逐渐被认可为经济成功的一个必要的伴随物。

美国强调政治民主和经济发展,这两者结合在一起传达了一个简单的对很多人有吸引力的思想信息:寻求个人成功会产生财富,同时还会促进自由。因此而产生的理想主义与利己主义的结合,是个有力的结合。个人的自我实现据说是上帝赐给的权利,它会树立榜样和产生财富,因而同时也能够有利于别人。这个学说对精力旺盛的人、雄心勃勃的人和竞争力很强的人,都具有吸引力。

当对美国方式的模仿逐渐遍及全世界时,它为美国发挥行使间接的和似乎是经双方同意的霸权创造了一个更加适宜的环境。像美国的国内体系一样,这种霸权要有一个相互交织的机构和程序的复杂结构。创造这种结构的目的,是为了形成一致意见并使力量和影响的不对称模糊不清。因此,美国在全球至高无上的地位,是由一个的确覆盖全球的同盟和联盟所组成的精细体系支撑的。

　　大西洋联盟在机构上体现为北约,它把欧洲拥有最大生产力和影响的国家与美国连接起来,使美国甚至在欧洲内部事务中也成为一个主要的参与者。美国与日本的双边政治和军事关系,把亚洲最强大的经济同美国捆在一起,使日本实质上仍然(至少目前是这样)是美国的一个保护国。美国还参加了亚太经济合作组织之类新成立的跨太平洋多边组织,使美国成为亚太地区事务的一个主要参与者。西半球总的来说是不受外部影响的,这就使美国能够在现存的西半球多边组织中起主要作用。在波斯湾的特别安全安排,特别是在 1991 年对伊拉克采取短暂的惩罚性行动之后,已使那个经济上至关重要的地区变成美国的一个军事保护地。甚至前苏联地区也已充斥着美国主持的各种诸如和平伙伴关系之类的同北约更密切合作的安排。

　　另外,人们还必须把全球性的专门组织网,特别是"国际"金融机构,看作是美国体系的一部分。国际货币基金组织和世界银行,可以说代表着"全球"利益,而且它们的构成成分可以解释为世界性。但实际上它们在很大程度上受美国的左右,而且它们本来就是在美国的倡议下产生的,特别是美国倡议的 1944 年布雷顿森林会议。

　　美国这个巨大复杂的全球体系与早先的那些帝国不同,它不是一个等级制度森严的金字塔。相反,美国处在一个相互交织的宇宙的中心。在这个相互交织的宇宙中,力量是通过不断的讨价还价、对话、沟通和寻求正式的一致意见来行使的,尽管这种力量最终都出自同一个来源——华盛顿,而那里才是必须玩权力游戏的地方,而且是按照美国的国内规则来玩的。也许世界对美国全球霸权中民主程序所处的中心地位的最高赞美,就体现在外国自己被拉进美国国内政治讨价还价的程度上。外国政府尽其所能地去动员那些同它们有某种特别的种族或宗教同一性的美国人。除了有大约一千个外国特殊利益集团在美国首都注册并开展活动之外,大多数外国政府还雇用美国的院外活动分子为它们的利益服务,特别是在国会里。美国各种族团体还竭力影响美国的对外政策,其中犹太人、希腊和亚美尼亚的院外活动集团表现最为突出,组织得也最有效。

美国至高无上的地位就这样制造出一个新的国际秩序。这个新的国际秩序不仅在国外重复了美国体系本身的许多特点,而且使这些特点固定了下来。基本的特点包括:

- 一个集体安全体系,包括一体化的指挥机构和部队(北约、美日安全条约等);
- 地区性经济合作(亚太经济合作组织,北美自由贸易协定)和专门的全球合作机构(世界银行、国际货币基金组织、世界贸易组织);
- 强调一致作出决定的程序,即使这些程序是由美国主导的;
- 优先考虑让民主国家加入的主要联盟组织;
- 一个初始的全球性立宪和司法结构(从世界法院到审判波黑战争罪犯的特别法庭)。

美国体系的大多数内容是在冷战期间出现的,并成为美国遏制其全球性对手(苏联)的努力的一部分。一旦那个对手倒下而美国成了第一个也是唯一的全球性大国,美国体系就可以作为现成的东西在全球应用,其实质已由政治学家约翰·伊肯伯里(G.John Ikenberry)作了很好的概括:

> 从这个体系是以美国为中心这个意义上讲,这个体系是霸权主义的,并且它反映了美国式的政治机构和组织原

则。它是一个开明的秩序,因为它是合法的并且带有对等的相互作用的特征。欧洲人[还可以加上日本人]能够以适应美国霸权但又保留试验他们自身的自治和半独立政治制度的余地的方式,来重建他们的社会和经济并使之一体化……这一复杂体系的演变"驯化"了主要西方国家间的关系。这些国家之间不时地发生尖锐的冲突。但重要的一点是,冲突一直在一个深深扎根、稳定和越来越明晰的政治秩序中得到了抑制……战争的威胁从桌面上消失了。[2]

当前,美国前所未有的全球霸权没有对手。但是,在未来的年月里它会继续不受挑战吗?

注 释

1. Donald Puchala, "The History of the Future of International Relations," *Ethics and International Affairs* 8(1994):183.

2. 摘自伊肯伯里的论文"Creating Liberal Order: The Origins and Persistence of the Postwar Western Settlement," University of Pennsylvania, Philadelphia, November 1995。

第二章 欧亚大棋局

对美国来说,欧亚大陆是最重要的地缘政治目标。欧亚大国和欧亚民族主导世界事务达五百年之久,其间它们为了争夺地区主导权而相互争斗并力争成为全球性大国。现在,美国这个非欧亚大国在这里取得了举足轻重的地位。美国能否持久、有效地保持这种地位直接影响美国对全球事务的支配。

这种情况当然不是永恒的,但这能维持多久和将导致何种局面不仅对美国本身的福祉,而且在更广泛的意义上对世界和平都至关重要。第一个和唯一的全球性大国的突然出现造成这样一种情况:如果它以同样快的速度丧失至高无上的地位,不管是因为美国自动退出世界事务,还是因为一个成功的对手的突然崛起,都会严重破坏世界稳定。实际上这会迅速导致全球性的混乱。哈佛大学的政治学家塞缪尔·亨廷顿(Samuel P.Huntington)所作的大胆断言是正确的:

> 比起一个美国在决定全球事务方面继续拥有比其他任何国家更大影响的世界来,一个美国不占首要地位的世界将是一个更加充满暴力、更为混乱、更少民主和经济增长更

困难的世界。维持美国在国际上的首要地位是保障美国人的繁荣和安全的关键，也是保障自由、民主、开放经济和国际秩序在这个世界上继续存在下去的关键。[1]

因此，美国如何"管理"欧亚大陆是个十分重要的问题。欧亚大陆是全球面积最大的大陆和地缘政治中轴。主宰欧亚大陆的国家将能控制世界上最先进和经济最发达的三个地区中的两个。看一下地图就会知道，控制了欧亚大陆就几乎自然而然地控制了非洲，并使西半球和大洋洲在地缘政治上成为这个世界中心大陆的周边地带（见图 2.1）。欧亚大陆拥有世界人口的约75%，它的企业和地下矿藏占全世界物质财富中的大部分份额，欧亚大陆的国民生产总值占世界总额的约 60%，世界已知能源资源的四分之三左右也在欧亚大陆（见图 2.2）。

欧亚大陆集中了世界上大多数在政治上非常自信和富有活力的国家。排在美国后面的六个世界经济大国都在欧亚大陆。公开的核大国只有一个不是欧亚国家，不公开的核国家也只有一个不是欧亚国家。世界上两个人口最多、并有意谋求地区霸权和/或全球影响的国家也都是欧亚国家。所有可能在政治和/或经济上对美国的首要地位提出挑战的国家也都是欧亚国家。欧亚国家的力量加在一起远远超过美国。对美国来说，幸运的是欧亚大陆太大，无法在政治上成为一个整体。

因此，欧亚是个棋盘，对世界领导权的争夺在此从未停止过。虽然地缘战略——对地缘政治利益的战略管理——可被比作棋局，但在这个略呈椭圆形的棋盘上一争高下的不是两个，而是数个实力不等的棋手。最重要的棋手在这个棋盘的西部、东部、中部和南部。棋盘的最西端和最东端都有人口稠密的地区，其相当拥挤的空间分属几个强国。美国的力量直接部署在欧亚

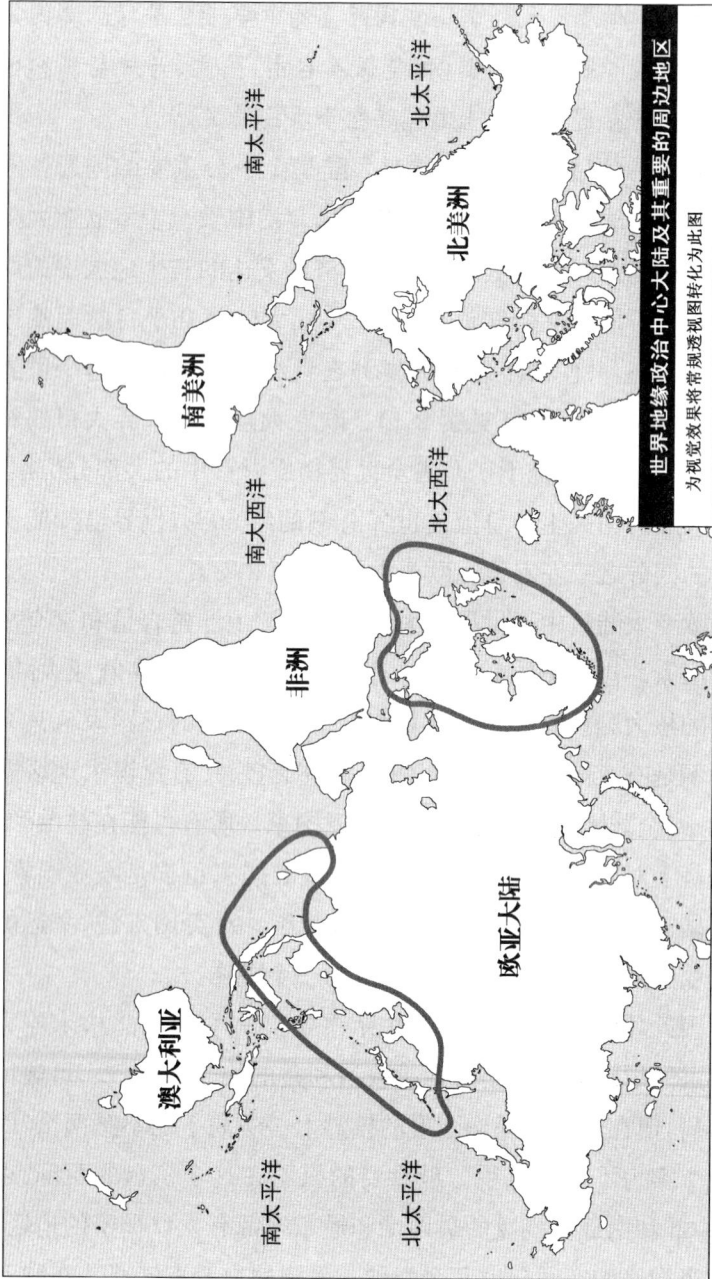

世界地缘政治中心大陆及其重要的周边地区

为视觉效果将常规透视图图转化为此图

图 2.1

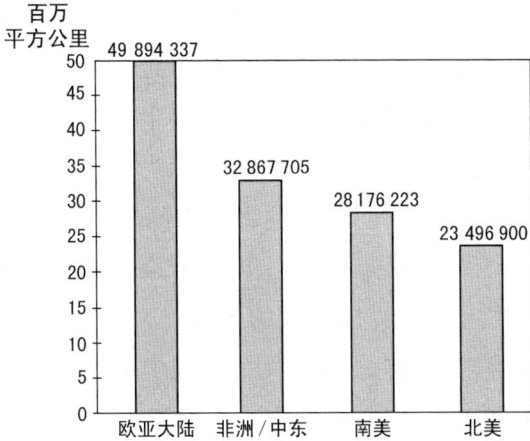

（a）各大洲面积

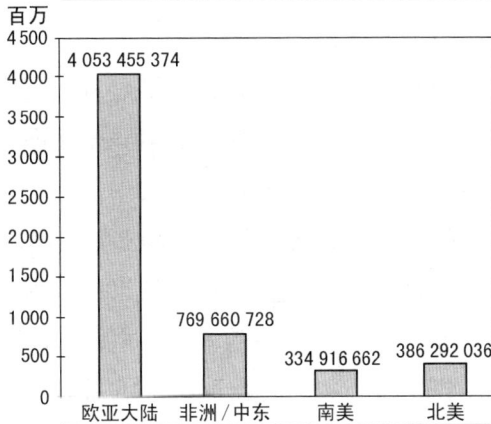

（b）各大洲人口

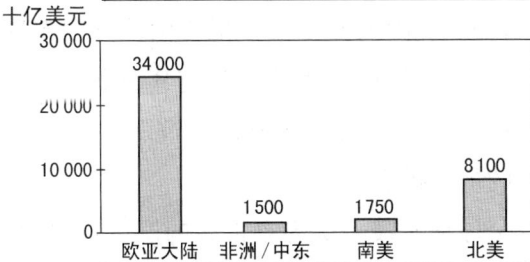

（c）各大洲国民生产总值

图 2.2

大陆狭窄的西部边缘。在远东大陆有一个越来越强大、独立,并拥有众多人口的大国。这个大国的精力充沛的对手局限在几个邻近的岛屿上。这些岛屿和一个远东小半岛的一半给美国的力量提供了立脚点。

在东、西两端之间有一个辽阔的中间地带。这里人口密度低,目前在政治上不稳定,组织上四分五裂。在这一地带有一个曾对美国的主导地位提出挑战的强大对手,把美国逐出欧亚大陆是它一度追求的目标。在广阔的欧亚中部高原以南有一个政治上混乱但能源丰富的地区,它对于欧亚大陆西部和东部的国家,以及最南部地区那个人口众多、有意谋求地区霸权的国家来说,都有潜在的重大意义。

这个巨大的、形状不规则的欧亚棋盘从里斯本一直延伸到符拉迪沃斯托克,为"棋赛"提供了舞台。美国可能成为赢家,条件是:棋盘的中间地带能逐步并入扩大中的由美国主导的西方势力范围;南部地区不被某一个国家单独主宰;东部国家不联合起来将美国逐出近海的基地。但是,如果中间地带拒绝向西方靠拢,而成为非常自信的单一的实体,并控制了南部,或同东部的主要棋手结盟,那么美国在欧亚大陆的首要地位就将严重受损。如果东部两个主要棋手实现某种联合,美国地位也同样会受损。最后,如果美国的西部伙伴把美国从其西部周边地带的立足点逐出,美国自然而然将被迫终止其在欧亚大陆棋局的角逐,尽管这可能也意味着欧业大陆西端最终会被重新崛起的、占据中间地带的那个棋手所控制。

美国的全球霸权被公认为有很大的广度,但是受国内外条件制约,其深度有限。美国的霸权意味着发挥决定性的影响。然而,与过去的帝国不同的是,它不意味着进行直接的控制。由

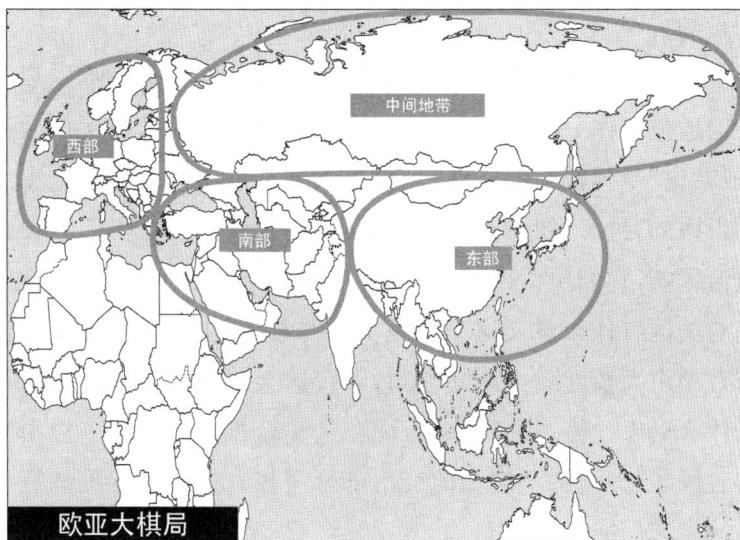

图 2.3

于欧亚大陆范围大、情况复杂,又有一些实力强大的国家,美国影响的深度及其控制欧亚形势发展的程度受到限制。欧亚这个超级大陆面积太广、人口太多、文化差异太大,历史上有野心和政治上有活力的国家也太多,即使美国这样一个经济上最成功、政治上最有影响的全球性大国也难以驾驭它。这种情况使美国需要有更高超的地缘战略手段,并需要在欧亚大棋局中更审慎地、更有选择性地和更深思熟虑地部署美国的力量。

另一个事实是,美国的国内制度十分民主,因此不可能在国外实行独裁。这也限制了美国力量的使用,特别是进行军事恫吓的能力。历史上从未有过一个奉行平民主义的民主国家取得在全球至高无上的地位。除非公众感到国内福利突然受到威胁或挑战,他们是不会支持努力扩大实力的目标的。这种努力所要求的经济上的自律(国防开支)和人的牺牲(甚至是职业军人的伤亡),同民主的本性格格不入。民主制度是不利于进行帝国动员的。

另外,大多数美国人一般不把美国新近取得全球唯一超级大国地位看作一件特别可喜的事。同美国赢得冷战有关的政治"成功论"受到普遍的冷遇,还被一些有自由派倾向的评论家当作讥讽的目标。如果有的话,那么有两种看法还算得上有较大政治影响,它们颇不相同,但都有关赢得同苏联斗争的历史性胜利对美国有什么意义这个问题。一种看法是:冷战的结束使美国有理由大幅度减少国际参与,不管这会给美国的国际地位带来什么后果。另一种看法是:现在是实行真正的国际多边主义的时候了,美国甚至应为此交出部分主权。这两派意见都有自己的忠实信徒。

美国领导目前面临的困境中包含着全球形势特点本身的变化:同过去相比,直接运用权力往往受到更大限制。核武器大幅度降低了战争作为政策工具或威胁手段的效用。国家间经济相互依存程度的增长使为政治目的使用经济讹诈不再那么有效。因此,要在欧亚棋局中成功地运用地缘战略力量,现在主要的做法是随机应变、施展外交手段、建立盟友关系、有选择地吸收新成员加入联盟,并十分巧妙地配置自己的政治资本。

地缘政治和地缘战略

美国在发挥全球主导作用时应认识到政治地理仍是影响国际事务的关键因素。据说拿破仑曾指出,了解一个国家的地理就懂得了这个国家的外交政策。但我们必须根据实力的新现实调整我们对政治地理重要性的理解。

在国际关系史上,领土控制是大多数政治冲突的焦点。自从民族主义崛起以来,大多数血腥战争不是起源于同扩大领土有关的民族自我满足感,就是起源于因丧失"神圣"领土而产生的民族的被剥夺感。毫不夸张地说,领土要求一直是驱使民族国家采取侵略行动的主要动力。精心策划夺取和占据重要地理资产,如直布罗陀海峡、苏伊士运河或新加坡,也曾是建立帝国的途径。这种地理资产在帝国控制的体系中起着关键的枢纽作用。

纳粹德国和日本帝国是民族主义与领土占有之间的联系的两个最极端的例子。建立"千年帝国"的目标远不止是在政治上重新统一所有讲德语的人民,它还包括控制乌克兰"大粮仓"和其他斯拉夫语系国家,让那里的人民为帝国提供廉价的奴隶劳动力。日本人也同样坚信只有直接占领中国东北,而后占领重要的石油产地荷属东印度群岛,才能实现日本增强民族力量和取得全球地位的目标。同样,俄国几个世纪来一直把俄罗斯民族的伟大同领土的占有等同起来。甚至到了20世纪末,俄国仍坚持认为必须继续控制车臣人。后者不是俄罗斯人,但有一条重要的石油管道从他们居住的地区通过。俄国的理由是:控制车臣是保住俄罗斯大国地位的必要条件。

民族国家仍是世界体系的基本单位。尽管大国民族主义的减退和意识形态的淡化已减少了全球政治中的情感成分,核武器又大大地限制了武力的使用,基于领土考虑的竞争仍在世界事务中占主导地位,只是现在的方式往往比过去文明了一些。在这种竞争中,地理位置仍是民族国家对外政策优先目标的出发点。国家领土面积的大小也仍是衡量其地位和力量的主要标准。

但对于多数民族国家来说,领土占有问题的重要性近来已有所下降。虽然领土争端仍是决定一些国家外交政策的重要因素,但这种争端更多地表现为据说被剥夺了加入"祖国"的权利的民族兄弟对不能实行自决的不满,或少数民族由于他们所称的受到邻居的粗暴对待而产生的怨恨,而不是一种通过领土扩张提高民族地位的要求。

处于统治地位的民族精英越来越认识到,一些与领土无关的因素更能决定一个国家国际地位的高低或国际影响的大小。经济才能及其向技术发明的转换也可以是一种判断实力大小的重要标准,在这方面日本是个极好的例子。尽管如此,地理位置往往仍能决定一个国家的近期优先目标。一个国家的军事、经济和政治力量越强,它在重要地缘政治利益、影响和参与方面超越其近邻的覆盖面也就越大。

直到最近为止,有影响的地缘政治分析家们还在争论陆地力量是否比海洋力量更重要,以及欧亚大陆的哪个具体地区对控制整个大陆最为关键。最有名的分析家之一哈罗德·麦金德(Harold Mackinder)是关于这一问题的讨论的先驱。他在20世纪初就提出一些相连的欧亚"支轴地区"(据说包括全部西伯利亚和大部分中亚地区)概念,稍后又提出中东欧"中心地带"概念。这些地区被认为是取得欧亚大陆主宰地位的重要跳板。他的中心地带概念通过以下著名格言得到广泛传播:

谁统治了东欧谁就可以控制中心地带;

谁统治了中心地带谁就能控制世界岛;

谁统治了世界岛谁就能控制世界。

一些著名的德国政治地理学家也用地缘政治学为他们国家的"向东进军"(Drang nach Osten)政策辩护,特别是卡尔·豪斯霍费尔（Karl Haushofer）根据德国的战略需要调整了麦金德的概念。阿道夫·希特勒在强调德国人民对"生存空间"的需要时，也使用了这个概念的一种粗俗化说法。在 20 世纪的前半叶，另一些欧洲思想家曾预料地缘政治重心将向东转移，而太平洋地区，具体地说是美国和日本，将取代日益衰落的欧洲成为世界的主宰者。为了防止重心东移的发生，法国政治地理学家保罗·德芒戎（Paul Demangeon）和其他一些法国地缘政治学者甚至在第二次世界大战之前就提倡欧洲国家更紧密地联合起来。

今天，地缘政治问题已不再是欧亚的哪个地理部分是控制整个大陆的出发点，或陆地力量是否比海洋力量更重要。随着控制整个欧亚大陆成为取得全球主导地位的主要基础，地缘政治已从地区问题扩大到全球范围。目前，来自欧亚大陆之外的美国占据世界的首要地位，美国的力量直接部署在欧亚大陆的三个周边地区，并从那里对处于欧亚大陆内陆地区的国家施加强有力的影响。但正是在欧亚大陆这个全球最重要的竞赛场上，美国的一个潜在对手可能在某一天崛起。因此，在为长期掌管美国在欧亚的地缘政治利益制定美国的地缘战略时，出发点必须是特别注意最重要的赛手并恰当地评估这一地区的情势。

为此需要采取两个基本步骤：

第一，认明在地缘战略方面有活力和有能力引起国际力量分配发生潜在重要变化的欧亚国家，并弄清它们各自的政治精英的基本对外政策目标，以及谋求这些目标可能造成的后果；确定具有地缘政治重要性的欧亚国家是哪些，这类国家的地理位置和/或存在的本身，对更活跃的地缘战略国家或对地区的状况起着催化剂的作用。

第二,制定美国的具体政策,抗衡上述国家的影响,有
选择地吸收它们加入联盟和/或控制它们,以便维护和促进
美国的重要利益,同时形成更全面的地缘战略概念,在全球
范围把较为具体的美国政策互相联结起来。

总之,对于美国来说,欧亚地缘战略涉及有目的地管理在地
缘战略方面有活力的国家,并审慎地对待能引起地缘政治变化
的国家,以维护美国的两种利益:在近期保持美国独特的全球力
量,将来逐步把这种力量转化为机制化的全球合作。用古老帝
国统治下更蛮横的时代流行的话来说,帝国地缘战略的三大任
务是:防止附庸国家相互勾结并保持它们在安全方面对帝国的
依赖性;保持称臣的国家的顺从并维持向它们提供的保护;防止
野蛮民族联合起来。

地缘战略棋手和地缘政治支轴国家

活跃的地缘战略棋手是有能力、有民族意志在其境之外运
用力量或影响去改变现有地缘政治状况以致影响美国的利益的
国家。它们在地缘政治方面有多变的潜力和/或倾向。不管出于
什么原因,不管是为了民族的荣耀、意识形态的成就、宗教上对
救世主的信念,或经济扩张,有些国家确实在谋求地区主导地位
或全球地位。它们的动机有很深的根基,并且十分复杂。罗伯
特·布朗宁(Robert Browning)对此作了最好的解释:"……一
个人应该去抓取他抓不着的东西,否则天堂的意义何在?"于是
这些国家仔细地估量美国的力量,确定它们的利益同美国一致

或矛盾的程度,并制定自己较为有限的欧亚大陆目标。这些目标有时同美国的政策相符,有时同美国的政策冲突。美国对有这种动机的欧亚国家必须特别注意。

地缘政治支轴国家的重要性不是来自它们的力量和动机,而是来自它们所处的敏感地理位置以及它们潜在的脆弱状态对地缘战略棋手行为造成的影响。最常用来界定地缘政治支轴国家的是它们的地理位置。由于这种位置,它们有时在决定某个重要棋手是否能进入重要地区,或在阻止它得到某种资源方面能起特殊的作用。一个地缘政治支轴国家有时能成为一个重要国家甚至一个地区的防卫屏障。有时其存在本身就可能对一个更活跃和相邻的地缘战略棋手产生十分重要的政治和文化影响。因此,辨明冷战后欧亚大陆关键的地缘政治支轴国家并为它们提供保护,也是美国全球地缘战略的一个重要方面。

从一开始还应注意到,尽管所有的地缘战略棋手往往都是重要和强大的国家,但并非所有重要和强大的国家都自然而然的是地缘战略棋手。因此,虽然辨明地缘战略棋手比较容易,但将一些显然重要的国家置于棋手名单之外可能要求更多的理由来解释。

在目前的全球情况下,在欧亚大陆新政治地图上至少可辨明五个关键的地缘战略棋手和五个地缘政治支轴国家(后者中有两个在某种程度上也有资格被视为地缘战略棋手)。法国、德国、俄罗斯、中国和印度是主要和积极的地缘战略棋手,而英国、日本和印度尼西亚虽然无疑也是十分重要的国家,却不具备当棋手的资格。乌克兰、阿塞拜疆、韩国、土耳其和伊朗起着十分重要的地缘政治支轴国家的作用。土耳其和伊朗在某种程度上——在它们较有限的能力范围之内——在地缘战略方面也相当活跃。以后的章节将更详细地讨论每个国家的情况。

在目前阶段,说欧亚大陆西端最重要和最具有活力的地缘战略棋手是法国和德国就足够了。尽管它们对于在欧洲一体化之后应当在何种程度上、以何种方式保持同美国的联系看法不同,但这两个国家都致力于欧洲一体化。它们都有一些要改变欧洲现状的有新意的大胆构想。法国更是有自己的欧洲地缘战略观念,这种观念在某些重要方面同美国的观念不同。尽管法国依靠法—德联盟来弥补自身相对的弱点,但它的战略概念倾向于通过策略运作使俄罗斯与美国,以及英国与德国相互对立起来。

另外,法国和德国都有足够的力量和自信在更大的地区范围发挥影响。法国不仅谋求在统一欧洲中起主要的政治作用,还把自己视为有着共同关心问题的地中海—北非国家群体的核心。德国越来越意识到它作为欧洲最重要的国家——地区的经济火车头和新的欧洲联盟(欧盟)领导人——所具有的特殊地位。它认为自己对于新解放的中欧有特别的责任,这种想法同过去那种由德国领导的中欧的概念有含糊的近似之处。另外,德国和法国都认为它们有权代表欧洲的利益同俄罗斯打交道。德国甚至认为,由于它的地理位置,它仍可作出同俄罗斯发展某种特殊的双边协调的重要选择,起码在理论上是如此。

相反,英国不是一个地缘战略棋手。它没有那么多的重要选择,对欧洲前途也没有雄心勃勃的构想。它的相对衰落还降低了它在欧洲起传统的平衡作用的能力。由于英国在欧洲统一问题上立场含糊,并同美国保持着一种日益淡化的特殊关系,在有关欧洲前途的重要选择方面英国正越来越成为一个局外人。伦敦基本上已退出了欧洲棋局。

曾任英国驻欧洲委员会高级官员的罗伊·登曼爵士(Sir Roy Denman)在其回忆录中提到,早在1955年举行的讨论建立欧洲联盟的墨西拿会议上,英国的官方发言人就直言不讳地告诉与会的未来欧洲设计师们:

> 你们正在讨论的未来条约不可能得到同意;即使得到同意也不可能得到实施。即使得到实施,英国也将认为它完全不可接受……祝你们成功!再见吧。[2]

现在四十多年过去了,上述声明仍然是英国对于建立一个真正联合的欧洲的基本态度。英国对参加定于1999年1月启动的经济货币联盟犹豫不决,这反映英国不愿把自己的前途同欧洲的命运连在一起。英国的这种立场在20世纪90年代初就概括得很明确:

- 英国不接受政治一体化的目标。
- 英国赞成在自由贸易的基础上实现某种模式的经济一体化。
- 英国主张在欧洲共同体(EC)框架之外进行外交政策、安全和防务方面的协调。
- 英国极少谋求在欧共体内最大限度地发挥影响。[3]

当然英国对美国仍然十分重要,它仍能通过英联邦发挥某种全球性的影响。但英国既不是一个不安于现状的主要大国,也不受雄心勃勃的构想的驱使。它是美国的重要支持者、一个十分忠实的盟国、一个不可或缺的军事基地和极为重要的情报活动中的一个亲密伙伴。美国仍需培植同英国的友谊,但不需时刻注视英国的政策。英国是已退休的地缘战略棋手,满足于已取得的辉煌成就,基本不再参与由法国和德国为主角的大欧洲事业。

其他中等欧洲国家多数为北约和/或欧盟的成员。它们不是追随美国的领导,就是默默跟在德国或法国的后面。它们的政策没有更广泛的地区影响,它们也没有能力改变本身的结盟状况。目前,它们既不是地缘战略棋手,也不是地缘政治支轴国家。波兰这个可能参加北约和欧盟的最重要的中欧国家也是如此。波兰还太弱,不能成为地缘战略棋手。它只有一个选择:融入西方。另外,由于旧俄罗斯帝国的消失,也由于波兰不断加深同大西洋联盟和新欧洲的关系,波兰越来越享有史无前例的安全,这也限制了它战略选择的范围。

毋庸置疑,虽然俄罗斯国力已受削弱,并可能长期面临困境,但它仍是一个主要的地缘战略棋手。它的存在本身就能对在前苏联境内广阔欧亚地带出现的新独立国家产生重要影响。俄罗斯有雄心勃勃的地缘政治目标,并越来越公开地宣扬这些目标。一旦它恢复了元气,它还将对其西部和东部的邻国产生重要影响。此外,俄罗斯尚未在对美关系方面作出根本的地缘战略选择:美国是朋友还是敌人?它很可能认为自己在欧亚大陆有就这个问题作出选择的很大余地。这在很大程度上取决于它的国内政治发展进程,特别是它将成为一个欧洲民主国家,还是重新成为一个欧亚帝国。无论如何,尽管俄罗斯在欧亚棋局中已丢失了一些"棋子"和关键的地盘,它仍是一个参赛棋手。

同样,中国无疑也是一个主要的地缘战略棋手。中国已经是一个重要的地区大国。它还可能有更大的抱负,因为它在历史上是个主要强国,把自己的国家视为全球的中心。中国的各种选择已经开始影响亚洲的地缘政治力量分布,而它的经济发展势头必将使它有更强的物质实力和更大的雄心。"大中华"的兴起将使台湾问题结束冬眠状态,这将不可避免地影响美国在远东的地位。苏联的解体导致在中国的西面出现一些新的国家，中国领导人对此不能视而不见。因此，中国更积极地参与国际事务也将对俄罗斯产生很大的影响。

欧亚大陆的东部边缘存在一个复杂的问题。日本显然是国际事务中的一个主要大国。美日联盟通常，也应当被视为美国最重要的双边关系。作为世界上最大的经济强国之一，日本显然有潜力发挥一流的政治影响。但日本无意使用这种资本，它不谋求成为地区的主导，而是更愿意在美国的保护下行事。同英国在欧洲一样，日本宁愿不参与亚洲大陆的政治。之所以如此，至少部分原因是众多其他亚洲人仍然厌恶日本谋求在地区发挥显要的政治作用。

日本在政治上自我约束的姿态给美国在远东发挥主要安全作用提供了条件。因此日本不属于地缘战略棋手，尽管它显然有在短期内成为这种棋手的潜力，在中国或美国突然改变现有政策的情况下更是如此。日本的这种潜力要求美国必须特别精心地培育美日关系。美国无需密切注视日本的外交政策，但应非常细致巧妙地鼓励日本实行自我约束。美日政治关系的任何重大削弱都会直接影响本地区的稳定。

为何不把印度尼西亚列为有活力的地缘战略棋手，这比较容易解释。在东南亚，印度尼西亚是最重要的国家。但即使在这个地区，它发挥重要影响的能力也有限，原因包括：印度尼西亚经济相对的欠发达状态，国内政局持续不稳定，是个分散的群岛，又易受种族冲突的困扰。华人少数民族在国内金融事务中发挥的主要作用使这种冲突变得更为重要。印度尼西亚将来某个时候可能成为中国向南谋求实现其抱负的主要障碍。澳大利亚已看到了这种前景。它曾担心印度尼西亚谋求扩张，但最近已开始主张在澳大利亚和印度尼西亚之间进行更密切的安全合作。对印度尼西亚来说,要成为能在区域起重要作用的国家,还需要经过一段时间的政治巩固和继续保持成功的经济发展。

与印度尼西亚不同,印度正处在把自己确立为一个大国的过程之中,并把自己视为一个潜在的重要全球性角色。印度还认为自己是中国的竞争对手。虽然这种看法恐怕过高估计了自身的长远能力,但印度无疑是南亚最强大的国家,在某种程度上是那个地区的霸主。印度还是一个半公开的核国家。它拥有核武器不仅是为了威吓巴基斯坦,更是为了抗衡中国的核武库。印度对其地区作用的地缘战略构想不仅涉及邻国,而且涉及印度洋。但印度目前的图谋同美国在欧亚大陆的利益没有重要冲突。因此,作为地缘战略棋手,印度不会,至少不会在与俄罗斯或中国同等程度上成为产生地缘政治问题的根源。

乌克兰是欧亚棋盘上一个新的重要地带。它作为一个独立国家的存在有助于改变俄罗斯,因此它是个地缘政治支轴国家。没有乌克兰,俄罗斯就不再是一个欧亚帝国。少了乌克兰的俄罗斯仍可争取帝国地位,但所建立的将基本是个亚洲帝国,并且更有可能被卷入与觉醒了的中亚人的冲突而付出沉重代价。那时中亚人将对失去新获得的独立感到愤怒,而且他们将得到南面伊斯兰兄弟国家的支持。中国也可能反对俄罗斯重新统治中亚,因为它对中亚新独立的国家越来越感兴趣。但如果莫斯科重新控制了拥有 5 200 万人口、重要资源及黑海出海口的乌克兰,俄罗斯将自然而然重获建立一个跨欧亚强大帝国的资本。乌克兰丧失独立将立即影响到中欧,使波兰变为一体化欧洲东部前沿的地缘政治支轴国家。

阿塞拜疆虽然面积有限,人口不多,但具有丰富的能源资源,在地缘政治方面也十分重要。它是装满了里海盆地和中亚财富的大瓶的瓶塞。如果阿塞拜疆完全被莫斯科控制,中亚各国就无真正的独立可言。阿塞拜疆如果丧失独立,它本身非常重要的石油资源也将被俄罗斯控制。一个独立的、由不穿过俄罗斯控制的领土的石油管道同西方市场连结在一起的阿塞拜疆还将提供一条重要通道,使经济发达的石油消费国能进入能源丰富的中亚国家。几乎同乌克兰一样,阿塞拜疆和中亚的前途对于俄罗斯将成为一个什么样的国家也有重要影响。

乘俄罗斯力量减弱之际,土耳其和伊朗正在里海—中亚地区建立自己的某种影响。出于这个原因,它们也可以被看作是地缘战略棋手。但这两个国家都面临严重的国内问题,它们影响地区力量格局变化的能力有限。它们又互为对手,因此在某种程度上会相互抵消对方的影响。例如在阿塞拜疆,土耳其已取得有影响的地位,伊朗的政策(出发点是担心伊朗境内的阿塞拜疆族人可能闹事)对俄国人更有利。

然而,土耳其和伊朗基本上属于重要的地缘政治支轴国家。土耳其稳定着黑海地区,控制着从黑海去地中海的通道,在高加索地区抗衡俄罗斯的力量,仍起着削弱穆斯林原教旨主义影响的作用,并且是北约的南部支撑点。土耳其如不稳定可能将在南巴尔干引起更严重的暴力冲突,使俄罗斯更容易重新控制新独立的高加索国家。尽管伊朗对阿塞拜疆的态度不明朗,但伊朗同样能为中亚新的政治多元化进程的稳定发展提供支持。伊朗控制着波斯湾的东海岸。尽管伊朗目前仍敌视美国,但伊朗的独立能阻碍俄罗斯在波斯湾地区对美国的利益构成任何长期的威胁。

最后,韩国也是个远东地缘政治支轴国家。它同美国的密切联系使美国能够不在日本本土过多驻军而保护日本,从而使日本不会成为一个独立和重要的军事大国。韩国地位的任何重大变化——不管起因是统一,还是转而落入扩大中的中国势力范围,或两者兼而有之——都必然极大地改变美国在远东的作用,并因此也改变日本的作用。此外,韩国越来越强的经济力量也使它本身成为一个更加重要的"空间",控制这块空间越来越有价值。

以上开列的地缘战略棋手和地缘政治支轴国家的名单并不是永久的或固定不变的。有时必须增加或删除一些国家。当然,从某些方面考虑也可将泰国、巴基斯坦,甚至哈萨克斯坦或乌兹别克斯坦列为地缘政治支轴国家,但目前就将它们中的任何一个列入名单,理由似乎还不充足。它们中任何一个的地位发生变化都是重大事件,并将引起力量分布的变化,但其触发的影响未必十分广泛。即使这样,只有一种情况才能使台湾真的发生问题,即:中国能成功地不顾美国的反对而大规模使用武力统一这个岛屿,从而更广泛地威胁美国在远东的政治信誉。虽然出现这种情况的可能性似乎不大,美国在制定对中国的政策时仍必须考虑到这种可能性。

重要的选择和潜在的挑战

辨明主要棋手和关键的支轴国家有助于界定美国面临的重大政策难题和预测美国在欧亚大陆面临的潜在重要挑战。这些将在后几章中更详细地讨论,现在可先把这些归结为以下五个大问题：

● 美国应该要一个什么样的欧洲,怎样促使它成为现实？

● 什么样的俄罗斯符合美国的利益,美国应为此做些什么和做到什么程度？

● 在欧亚大陆中部出现一个新"巴尔干"的可能性如何,美国应采取什么措施以尽量减小由此引起的危险？

● 应鼓励中国在远东发挥什么样的作用,这种作用对美国和日本意味着什么？

● 可能出现什么样的新欧亚国家联盟,其中哪种对美国的利益威胁最大和需要采取何种预防措施？

美国历来表示支持欧洲一体化事业。从肯尼迪政府开始,标准的提法就是"平等的伙伴关系"。华盛顿官方一直表示希望看到欧洲成为一个单一的实体,有足够的力量同美国一起承担领导世界的责任和负担。

这是有关这个问题的一套惯用的辞令。然而实际上,美国的立场既没有这样清楚,也没有如此一贯。华盛顿真的希望欧洲在世界事务中成为美国真正平等的伙伴？还是更喜欢一个不平等的联盟？举例来说,美国是否愿意同欧洲分享在中东的领导地位？欧洲不但离这个地区比美国近得多,而且其中一些欧洲国家在那里一向有自己的长期利益。以色列问题也是个现成的例子。另外,美国也没有把关欧之间在伊朗和伊拉克问题上存在的分歧看作平等伙伴之间的问题,而是看作为欧洲不服从美国的领导。

美国的含糊立场不仅涉及它在何种程度上支持欧洲一体化,还涉及应如何界定欧洲的一体化,特别是如果需要的话应由哪个国家来领导统一的欧洲。华盛顿没有规劝伦敦放弃其在欧洲一体化问题上的分裂性立场,尽管华盛顿已清楚地表明它更愿意看到德国,而不是法国,成为欧洲的领导。鉴于法国政策的传统方向,这是可以理解的。但是,这种选择也已产生鼓励法英有时采取战术性联合以挫伤德国锐气的效果,并导致法国不时与莫斯科拉关系以抗衡美德联盟。

为了实现真正的欧洲联合,特别如果这一联合要在美国的建设性支持下实现,就必须对北约联盟这个连结美国和欧洲的主要纽带进行结构和程序方面的重大变革。北约不仅是美国影响欧洲事务的主要途径,还为美国在西欧保持有重要政治意义的军事存在提供了基础。但是,欧洲的统一将要求调整这个结构以适应新的现实,即建立在两个基本平等伙伴的基础之上的联盟,而不是那种传统术语所称的由一个霸主和数个附庸国组成的联盟。尽管在 1996 年曾采取了一些有节制的步骤增进西欧联盟(WEU)这个西欧国家的军事联盟在北约中的作用,但这个问题迄今基本被回避了。因此,如果真的选择支持欧洲联合,就必须对北约进行意义深远的重组,这将不可避免地降低美国在联盟中的首要地位。

总之,美国对欧洲的长期地缘战略不能在欧洲一体化和同欧洲结成真正伙伴关系的问题上含糊其辞。美国如果真的赞成欧洲实现一体化,并因此变得更加独立,就应当全力支持正致力于欧洲政治和经济一体化的那些欧洲力量。这种战略还意味着将消除曾一度被神圣化的美英特殊关系的最后痕迹。

美国对欧洲一体化的政策还要面对——尽管是同欧洲人一起——如何确定欧洲的地理范围这一高度敏感的问题。欧洲联盟应向东伸展多远?欧盟的东部界限是否应同北约的东部前沿一致?前一个问题主要应由欧洲国家来决定,但欧洲在这个问题上的决定将直接影响北约的决定。后一个问题涉及美国,美国在北约仍有决定性的发言权。鉴于有关接受中欧国家加入欧盟和北约的意见越来越趋于一致,这个问题的实际意义主要集中在波罗的海国家将来的地位,可能也包括乌克兰将来的地位。

上述欧洲难题同有关俄罗斯的第二个难题有重要的相同之处。在回答有关俄罗斯前途的问题时,声称支持一个民主的、同欧洲紧密相连的俄罗斯并不难。可以设想,一个民主的俄罗斯将更能接受美国和欧洲共有的价值观,并因此更可能在营造一个比较稳定与比较合作的欧亚大陆中成为一个小伙伴。但俄罗斯可能不满足于仅仅被承认是一个民主国家并得到尊重。俄罗斯的外交政策圈子(基本由原苏联官员组成)仍怀有一种根深蒂固的强烈愿望,要在欧亚大陆发挥特殊的作用。这种作用将导致新独立的原苏联各国重新归顺莫斯科。

因此,在俄罗斯决策集团一些有影响的成员眼中,连西方对俄友善的政策,目的也在于拒绝满足俄罗斯获得全球性地位的正当要求。正如两名俄罗斯地缘政治学家所说的:

> 美国和北约国家一方面尽可能不伤害俄罗斯的自尊,但同时却在坚决和持续不断地破坏使俄罗斯至少在理论上有希望得到世界政治中第二大国地位的地缘政治基础。苏联曾经享有过这种地位。

此外,他们认为美国正在执行这样一种政策.

> 西方正在重组欧洲。欧洲新结构的根本基础是在世界这一地区支持新成立的、较小和较弱的民族国家的主张。支持的办法是让它们同北约、欧共体等组织建立较密切的关系。[4]

这些话虽然含有一些敌意,但准确地描述了美国面临的难题。美国应在经济上帮助俄罗斯到什么地步？这种帮助必定会加强俄罗斯的政治和军事力量。同时美国应给予新独立的国家多大的帮助来保卫和巩固它们的独立？俄罗斯能否同时成为一个强大的国家和一个民主的国家？如果俄罗斯重新变得强大，它是否会谋求重获失去的帝国领地？到那时，俄国能同时成为一个帝国和一个民主国家吗？

美国对乌克兰和阿塞拜疆等重要的地缘政治支轴国家的政策也不能回避这个问题，美国因此面临策略平衡和战略目标方面的困难选择。俄罗斯国内情况的好转是其民主化和最终欧洲化必不可少的条件。但其帝国潜力的恢复又将妨碍这两个目标的实现。另外，恰恰是在这个问题上美国和一些欧洲国家可能会有不同的看法，在欧盟和北约扩大之际更是如此。是否应考虑最终接受俄罗斯加入这两个机构中的一个？对乌克兰又该怎么办？把俄罗斯排除在外的代价可能是很高的——在俄罗斯人的思想上形成一个能自行实现的预言。但不管是稀释欧盟还是北约，其后果也都会造成相当程度的不稳定。

在欧亚大陆中部地缘政治关系不固定的广阔地区还存在着一个重要的不稳定因素。土耳其—伊朗支轴的潜在脆弱性极大地加剧了这种不稳定。从黑海的克里米亚半岛向东经过俄罗斯南部的新边界一直延伸到中国的新疆，向南到印度洋，向西到红海，再向北到东地中海并回到克里米亚半岛。这一地区大约有四亿人口，分布在约二十五个国家，几乎所有的国家都存在着多种民族和宗教，政治不稳定。其中有些国家可能正在获取核武器。

这个广阔的地区经受着爆炸性仇恨的冲击，又处于相互竞争的强大邻国的包围之中。它有可能成为一个主要战场，在这里可能爆发民族国家之间的战争，更可能爆发长期的种族和宗教暴力冲突。印度是起约束作用还是利用某种机会将其意志强加给巴基斯坦,对可能发生冲突的区域的范围大小将有很大的影响。土耳其和伊朗内部的紧张局势不仅可能恶化,还可能严重削弱它们在这个爆炸性区域起稳定作用的能力。这种情势将使吸收新中亚国家加入国际社会更为困难,也将对美国控制下的波斯湾地区安全产生不利的影响。总之,美国和国际社会在这个地区可能遇到的挑战可能比近年来在前南斯拉夫发生的危机严重得多。

这一不稳定地区面临的另一个问题是伊斯兰原教旨主义可能对美国的首要地位提出挑战。通过煽动对美国生活方式的宗教仇恨和利用阿—以冲突,伊斯兰原教旨主义者能够削弱一些亲西方的中东国家政府并最终损害美国的地区利益,特别是在波斯湾地区。但是,由于存在政治上的分歧,也由于不存在一个真正强大的伊斯兰国家,来自伊斯兰原教旨主义的挑战将缺乏地缘政治核心,因此更可能通过扩散暴力行为表现出来。

中国作为一个重要大国的兴起造成一个非常重要的地缘战略问题。最理想的结果是把一个正在实现民主化和自由市场的中国纳入更广泛的亚洲区域合作框架。但如果中国不走民主化的道路而其经济和军事力量却继续壮大又怎么办?不管周边邻国的愿望如何,也不管它们如何分析算计,"大中华"可能已在形成之中。任何阻止其出现的做法都会导致同中国发生激烈冲突。这种冲突会严重损害美日关系,因为远不能肯定日本是否会愿意跟随美国遏制中国。这种冲突还可能彻底改变东京对日本的地区作用的规定,甚至可能导致美国在远东的存在的终止。

但迁就中国也要付出代价。承认中国是一个地区大国不只是像赞成一个口号那么简单。这种地区的举足轻重地位必然会有实质性的内容。直截了当地说,作为成功地接纳中国参与世界事务的政策的一部分,美国应当同意中国有多大的势力范围,这个势力范围在哪儿?作为一种让步,会不得不容许哪些目前在中国政治影响范围之外的地方落入重新崛起的天朝的范围?

因此,美国保持在韩国的存在成为一个十分重要的问题。如果美国撤离韩国,很难设想美日防务安排目前的形式不会改变,因为日本将不得不在军事上更加自立。但朝鲜统一的任何进展都有可能打乱美国继续在韩驻军的基础。一个统一的朝鲜可能选择不要美国提供长期军事保护,这确实可能是中国用其决定性影响帮助半岛实现统一的要价。总之,美国如何处理同中国的关系必将直接影响美-日-韩三角安全关系的稳定。

最后,还应简要地谈谈未来的政治结盟中可能出现的意外情况。这个问题在相关的章节中还要更详细地讨论。过去,在国际事务中占支配地位的主要是国与国之间争夺地区的主导地位。今后,美国可能不得不决定如何对付谋求将美国赶出欧亚大陆的地区联盟。这种图谋威胁到美国全球性大国的地位。但是,是否会出现这种向美国挑战的联盟实际上主要取决于美国能否有效处理这里谈到的重大难题。

最大的潜在危险是中国与俄罗斯或许还有伊朗结成大联盟。结成这种"反霸"联盟的原因不是意识形态,而是相互补充的不满。这一联盟在规模和范围方面同中-苏集团曾经构成的挑战有相似之处,尽管这次当头的可能是中国,而俄罗斯是随从。虽然,出现这种意外情况的可能性微乎其微,但为了防止出现这种情况,美国必须同时在欧亚大陆的西部、东部和南部边缘巧妙地施展地缘战略手段。

中-日轴心可能会带来一种在地理上比较有限、但潜在后果却更为深远的挑战。这个轴心可能在美国失去在远东的地位和日本对世界的看法发生根本改变之后出现。联盟将把两个有非常巨大的生产能力的民族连结在一起,并可能利用某种形式的"亚洲主义"作为联合反美的学说。但鉴于两国的近代历史经历,中国和日本不可能在可预见的将来结成联盟。有远见的美国远东政策肯定能够阻止这种联盟的出现。

另一种可能性不大,但不能完全排除的情况是出现大欧洲联盟——不管是德-俄联盟还是法-俄联盟,两种联盟都有明确的历史先例。如果欧洲一体化进程停止或欧美关系严重恶化,这两种联盟中的任何一种都可能出现。如果欧美关系恶化,确实不难想象欧洲和俄罗斯会如何互相妥协把美国赶出欧亚大陆。目前,各种联盟看来都不可能出现,它们只有在美国的欧洲政策出现重大失误和欧洲主要国家急剧改变方向的情况下才会出现。

不管将来会如何,我们有理由认为美国在欧亚大陆的首要地位将受动乱或至少是零星暴力行动的冲击。美国的首要地位在新的挑战面前可能是脆弱的。这种挑战或者来自地区竞争者,或者来自新的联盟。美国的首要地位受长期的地缘战略的指导,它应以和谐协调的社会政治制度为基础,后者可由美国主导的多边框架连在一起。只有在存在这种美国首要地位的地方,目前占据主导地位的美国的全球体系——一种"没有公开的战争威胁"的体系——才可能获得稳定。

注 释

1. Samuel P. Huntington. "Why International Primacy Matters," *International Security*(Spring 1993):83.

2. Roy Denman，*Missed Chances*（London：Cassell，1996）.

3. 参见 Robert Skidelsky，"Great Britain and the New Europe，"选自 *From the Atlantic to the Urals*，ed. David P.Calleo and Philip H.Gordon（Arlington，Va.；1992），p.145。

4. 参见 A. Bogaturov and V. Kremenyuk，"Current Relations and Prospects for Interaction Between Russia and the United States." *Nezavisimaya Gazeta*，June 28，1996。上述两位都是美国和加拿大研究所的资深学者。

第三章　民主桥头堡

欧洲是美国的天然盟友。欧洲与美国有共同的价值观和大体相同的宗教传统,实行一样的民主政治,并且还是绝大多数美国人的祖籍地。欧洲带头通过一体化把民族国家组成共同的超国家经济联盟,最终成为政治联盟。与此同时,它也为超越民族主义时代的狭隘观点和破坏性情感而建立国家消亡之后更大的组织形式指明了道路。欧洲已经是当今世界组织上多边化程度最高的地区(见表3.1)。政治上统一的成功,将在欧洲创造出一个生活在民主屋顶之下,享有与美国相当的生活水准,且拥有大约四亿人口的单一实体。这样的欧洲必将成为一个全球性大国。

欧洲也是向欧亚大陆腹地逐步扩展民主的跳板。欧洲的东扩将巩固20世纪90年代民主的胜利。它将在政治与经济方面与欧洲基本文明的范围差不多。这个范围被称为"耶稣使徒彼得的欧洲",其版图是由起源于基督教西派教会的欧洲古老和共同的宗教传统确定的。这样的欧洲早在民族主义时代之前就一度存在过,在欧洲分裂成为美国和苏联分别控制的两个部分之前

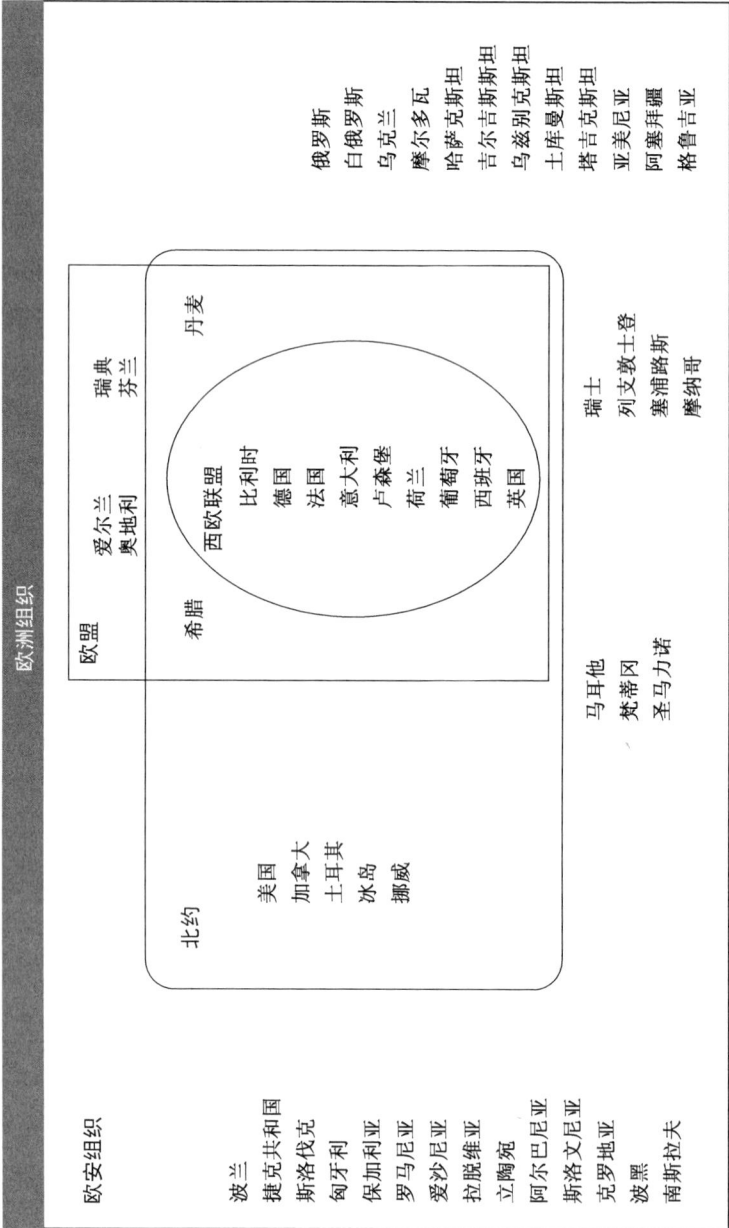

表 3.1　欧洲组织

欧安组织

波兰
捷克共和国
斯洛伐克
匈牙利
保加利亚
罗马尼亚
爱沙尼亚
拉脱维亚
立陶宛
阿尔巴尼亚
斯洛文尼亚
克罗地亚
波黑
南斯拉夫

北约

美国
加拿大
土耳其
冰岛
挪威

欧盟

希腊
爱尔兰
奥地利
瑞典
芬兰
丹麦

西欧联盟

比利时
德国
法国
意大利
卢森堡
荷兰
葡萄牙
西班牙
英国

马耳他
梵蒂冈
圣马力诺

瑞士
列支敦士登
塞浦路斯
摩纳哥

俄罗斯
白俄罗斯
乌克兰
摩尔多瓦
哈萨克斯坦
吉尔吉斯斯坦
乌兹别克斯坦
土库曼斯坦
塔吉克斯坦
亚美尼亚
阿塞拜疆
格鲁吉亚

已经存在很久。这样一个大欧洲将对那些位于更远的东部的国家产生巨大的吸引力,并与乌克兰、白俄罗斯及俄罗斯建立起关系网络,使它们参与越来越具有约束力的合作并使它们转而信仰共同的民主原则。它将最终成为美国所倡导的大欧亚大陆安全合作架构的关键支柱之一。

不过,欧洲首先是美国在欧亚大陆必不可少的地缘政治桥头堡。美国在欧洲有着巨大的地缘战略利益。与美日之间的联系不一样,大西洋联盟在欧亚大陆上直接确立了美国的政治影响和军事力量。在美欧关系的目前阶段,欧洲盟国仍极大地依赖美国的安全保护,欧洲的任何扩大都将自然而然地成为美国直接影响的范围的扩大。相反,若没有跨大西洋的紧密关系,美国在欧亚大陆的首要地位也就会很快地不复存在。那样,美国对大西洋的控制以及它使自己的影响和力量达到欧亚大陆纵深地带的能力将受到严重限制。

然而问题是,这样的一个真正的欧洲人的"欧洲"并不存在。这只不过是一个憧憬、概念和目标,还不是现实。西欧已经是一个共同市场,但还远不是一个单一的政治实体。一个政治上的欧洲尚未出现。如果还需要什么证据的话,那么波斯尼亚危机已痛苦地证明欧洲仍然不存在。严酷的现实是,西欧在很大程度上依然是美国的保护地,中欧也越来越是如此。美国的这些盟国使人们想起在古代的仆从国和附庸国。这无论对美国还是对欧洲各国来说都未必是好事。

更糟糕的是,欧洲内部的活力正更加普遍地下降。现存的社会经济制度的合法性,甚至连初露端倪的欧洲人格意识,都显得十分脆弱。在一些欧洲国家,人们可以看到出现了信任危机,创造性的势头丧失殆尽,且在世界的一些大问题面前采取孤立主义和逃避主义的内向态度。绝大多数欧洲人是否想让欧洲成为一个主要大国以及他们是否准备朝着这个方面努力,尚不清楚。就连目前已大为减弱的残留的欧洲反美主义情绪也有些玩世不恭:欧洲人对美国的"霸权"耿耿于怀,但他们却又乐于受美国"霸权"的庇护。

对两次世界大战造成的破坏记忆犹新,对经济复兴的渴望以及苏联威胁所带来的不安全感,曾经是形成欧洲一体化的政治势头的三个主要动力。但是到了20世纪90年代中期,这三个动力已经消失。经济复兴已基本实现。如果说还有什么问题,那么欧洲面临的问题越来越是:负担过于沉重的社会福利制度正耗尽经济活力,而特殊利益集团对改革的强烈抵制正使欧洲政治注意力内向。苏联的威胁是消失了,而一些欧洲人希望摆脱美国影响而独立的愿望却并未转化成促进欧洲大陆一体化的强大动力。

欧洲一体化的事业越来越依靠由欧洲共同体及其继承者欧洲联盟这种庞大机制所产生的官僚机构本身的势头来支撑。一体化的思想虽仍得到广大民众的支持,但由于缺乏热情和使命感,这种支持趋于冷淡。一般说来,今天的西欧给人的印象是问题多、不齐心,尽管生活舒适却存在一系列社会问题,没有共同的较远大目光。欧洲一体化正越来越成为一个进程而不是一项事业。

尽管如此,法国与德国这欧洲两大主要国家的政治精英大体上仍然承诺要实现把欧洲变成真正的欧洲的目标。因此,他们是欧洲的主要设计师。若齐心协力,他们能建立起一个无愧于欧洲的历史和有潜力的欧洲。然而,这两个国家对欧洲建设的看法和意图却又不尽相同,而且两者都没有强大到能够单独实现自己的目的和主张。

这种状况便为美国的决定性干预提供了特殊机会。这使美国以维护欧洲团结的名义介入有了必要性，因为不这样做欧洲的一体化就将陷于停顿，甚至逐渐发生逆转。但美国对欧洲建设的任何有效参与都必须以美国在以下两个问题上的明确思想为指导：一是美国希望看到并愿意促进的是一个什么样的欧洲，一个平等的伙伴还是一个小盟友；二是欧盟和北约的最终范围应该有多大。此外，美国还必须谨慎处理它与欧洲两个主要设计师的关系。

辉　煌　与　救　赎

法国寻求欧洲的转世再生，德国则希望通过欧洲而获得救赎。这两种不同的动机是理解并确定法德对欧洲的不同设计内容的深层原因。

对法国来说，欧洲是恢复其昔日伟大辉煌的途径。法国严肃的国际问题思想家早在两次大战前就对欧洲在世界事务中的中心地位不断下降而忧心忡忡。在冷战的几十年中，这种担忧变成了对"盎格鲁-撒克逊人"统治西方的愤懑，更不用说对与此相关的西方文化的"美国化"的蔑视了。创造一个查尔斯·戴高乐所说的"从大西洋到乌拉尔山脉"的真正欧洲，就是为了纠正这种糟糕的情况。这样的欧洲，由于将由法国领导，将为法国重新找回其辉煌。法国人至今感到这种辉煌仍然是法国的特定命运。

在德国看来,投身欧洲是德意志民族得到救赎的基础,而与美国的亲密关系则是确保自身安全的关键。因此,德国认为一个过分自信且独立于美国的欧洲并非可行的选择。对德国来说,救赎+安全=欧洲+美国。这个公式决定了德国的态度和政策,它使德国既成为一名欧洲真正的良民,同时又是美国在欧洲的最有力的支持者。

德国把它对欧洲的热心承诺看成是对自己历史的净化以及对其道德和政治信誉的恢复。德国通过欧洲使自身得到救赎,既可重振昔日的雄风,又可在自然而然地不引起欧洲对德国的怨恨与担心的情况下完成自己的使命。若德国人寻求自身的民族利益,那就将冒被其他欧洲人所孤立的风险;而若德国人致力于促进欧洲的共同利益,则将得到欧洲的支持和尊重。

在冷战中涉及的主要问题上,法国是一个忠诚、有献身精神和坚定的盟友。每当关键时刻,法国总是与美国并肩战斗。无论是对柏林的两次封锁,还是在古巴导弹危机期间,法国从未动摇过。但是法国希望表现出自己独立的政治人格,并维护法国自身必不可少的行动自由,特别是在牵涉到法国的全球性地位或欧洲的未来问题时的行动自由,这又减弱了法国对北约的支持。

法国的政治精英仍然抱着法国还是一个全球性大国的观念,这实在有点荒谬。1995年5月,阿兰·朱佩(Alain Juppé)总理在法国国民议会重申历届前任总理的思想并宣布:"法国能够也必须坚持自己作为世界大国的天命。"议会厅立即响起了自发的鼓掌声。法国坚持发展自己的核威慑力量,其主要动机是法国认为这样可以增加它自己的行动自由,同时又能使自己在美国作出有关西方联盟整体安全的生死攸关的决定时获得对美国施加影响的能力。法国谋求提高自身的地位并不是为了对付苏联,因为即使从最好的角度看,法国的核威慑力量也只能对苏联发动战争的能力产生十分有限的影响。巴黎倒是觉得自己拥有核武器可以使它在冷战中最高级别和最危险的决策过程中扮演一定的角色。

法国认为,拥有核武器不仅加强了自己是全球性大国的主张,而且还使自己拥有全世界都不得不尊重的发言权。这也加强了法国作为五个拥有否决权的联合国安理会成员之一的地位。这五个成员统统是核大国。在法国看来,英国的核威慑力量仅仅是美国核威慑力量的延伸。之所以如此,尤其是因为英国遵守对美英特殊关系的承诺并在建设独立欧洲的努力中往往弃权。(法国核力量的发展计划,在很大程度上得益于美国的暗中支持,但法国人却认为这对法国的战略考虑没有任何影响。)在法国的心目中,法国的核威慑力量还加强了它作为欧洲大陆主要大国所具有的领导地位,而且法国是唯一拥有这种地位的真正的欧洲国家。

法国的全球抱负也表现为,它坚定地致力于在大多数法语非洲国家继续维持其在安全方面的特殊作用。尽管法国在长期作战后失去了越南和阿尔及利亚,放弃了法帝国范围更广的地盘,尽管现实情况是法国基本上只是后帝国时期的一个中等欧洲国家,这种安全方面的使命以及法国继续控制着分散在太平洋中的一些岛屿(这些岛屿为法国有争议的核试验提供了场所)的事实,使法国的精英更加坚定地认为法国确实发挥着全球性作用。

所有这些一直使法国要求继承欧洲的领导地位。英国已使自己成为次要角色并基本上依附于美国的力量。而德国在冷战

时期的大部分时间里又处于分裂状态并仍然为它在 20 世纪的
历史所困扰。在这种情况下,法国可以拿欧洲的概念大做文章,
宣扬自己是欧洲概念的代表,把欧洲的概念说成与法国的观念
一致。法国这个最先发明主权民族国家概念并把民族主义变成
民众信仰的国家,很自然地把自己看成是独立和联合的欧洲的
化身。法国在这样看待自己时所抱的热情,与它当年一度对"国
家"概念所抱的热情一样炽烈。法国领导下的欧洲辉煌也就成
了法国辉煌。

　　这种由深刻的历史责任所产生并由独特文化自豪感而增强
的特殊使命有重要的政策含义。法国必须保留一块在自己影响
范围之内的主要的地缘政治地域,或者说保留一块至少要防止
一个比法国更强大的国家出来主宰的地域。这块地域在地图上
可以画为一个半圆形。它包括伊比利亚半岛、西地中海的北岸
以及从德国到中东欧的广大地区(如图 3.1 所示)。它不仅是法
国安全最低限度的辐射范围,而且也是法国政治利益的最重要
地域。只有在确保南欧国家以及德国支持的情况下,建设一个
由法国领导的统一独立的欧洲的目标方能实现。但很明显,在
法国所拥有的地缘政治轨道内,一个日益强大的德国必将成为
法国最难对付的国家。

　　在法国看来,通过在法国领导下的欧洲统一,同时结合美国
在欧洲大陆的首要地位逐渐下降,就可以实现独立统一的欧洲
这一重要目标。但若法国要营造欧洲的未来,它就必须既让德
国参与又加以束缚,还得逐步剥夺美国对欧洲事务的政治领导。
而这将导致法国陷入双重政策困境:一是如何在不断削减美国
在欧洲的存在的同时,保持美国对欧洲的安全承诺——法国仍
然承认这一承诺是必不可少的;二是如何在阻止德国领导欧洲

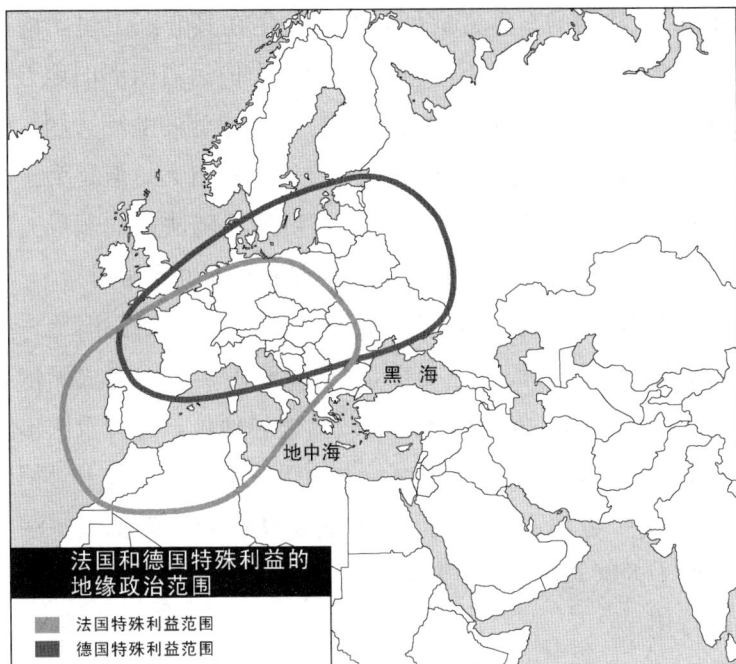

图 3.1

的同时,使法德伙伴关系成为推动欧洲一体化政治经济相结合的发动机。

如果法国是货真价实的全球性大国,那么摆脱这些困境并实现其主要目标也许并不困难。除德国外,欧洲再也没有任何其他国家怀有法国那样的抱负及被同样的使命感所驱使。就连德国也可能受到诱惑而在统一但是独立于美国的欧洲中接受法国的领导,但这只有在德国认为法国确实是一个全球性大国且可以像美国那样为欧洲提供德国无法提供的安全的情况下才有可能。

然而德国明白,法国实力确实有限。法国在经济上远比德国弱,而它的军事力量也并不够(正如1991年海湾战争所表明的那样)。法国的军事力量足以平息发生在其非洲卫星国内部的军事政变,但却既无力保护欧洲,也无力向远离欧洲的地方投送大量军事力量。法国不大不小正好是个中等的欧洲大国。因此,为了建设欧洲,德国还是愿意纵容法国的自大。但是为了真正维护欧洲的安全,德国却不愿意盲目地追随法国的领导。因此,德国一直坚持美国应在欧洲安全方面发挥主要作用。

这个对法国的自尊心来说颇为痛苦的现实,在德国统一后变得更为明显了。而在这之前,法德和解确实表现为法国依靠德国的经济活力心安理得地享有政治领导地位。这种看法事实上对双方都是合适的。因为这一方面缓解了欧洲传统上对德国的担心,另一方面通过造成欧洲建设由法国领导而得到经济上富有活力的联邦德国的支持这一印象起了加强和满足法国的幻想的作用。

然而,即使对法德和解有些错觉,法德和解在欧洲形势发展中仍然具有积极意义,其重要性怎么强调也不会过分的。它为艰难的欧洲一体化进程到目前为止取得的所有进步提供了具有关键性意义的基础。因此,它与美国的利益完全一致,也与美国长期以来对促进欧洲跨国合作的承诺相符合。法德合作的失败对欧洲将是一个致命的倒退,也将给美国在欧洲的地位带来灾难。

美国心照不宣的支持,使法德共同推进欧洲一体化进程成为可能。而德国的统一又增加了法国把德国束缚在有约束力的欧洲框架之内的动因。因此,法国总统和德国总理在 1990 年12 月 6 日承诺将致力于实现欧洲联邦的目标。十天后,在罗马举行的讨论欧洲政治联盟的政府间会议——尽管英国持保留态度——明确责成欧共体十二国外长拟订一项政治联盟条约的草案。

然而,德国的统一也急剧地改变了欧洲政治的实际形势。这无论对俄罗斯还是法国都是地缘政治上的失败。统一的德国不仅不再是法国的政治小伙伴,而且自然而然地成了西欧无可争议的首要大国,甚至是某种意义上的全球性大国,尤其因为德国是支持重要国际组织的主要出资国。[1]新的现实使法德都不再对法德关系抱多少幻想。因为,德国现在能够也愿意说明并公开地推进它自己对欧洲未来的设想。虽然德国仍然是法国的伙伴,它却不再是受法国保护的对象。

法国政治影响力的减弱已对它的政策造成了一些影响。法国不得不在北约内重新获取更大的影响——为抗议美国的控制,法国已在很大程度上脱离了北约——并通过更多的外交运作来弥补自己的相对弱点。重返北约也许可使法国对美国施加更多的影响,而不时地拉拢莫斯科或伦敦则可从外部对美国和德国施压。

结果是法国重返了北约的指挥系统。不过,这只是法国的政策策略运用而并非真要重返后去争些什么。到 1994 年,法国又重新成为北约的政治军事决策事实上的积极参与者。而到1995 年末,法国外交和国防部长也开始定期出席北约的会议。但法国为此提出了要价:一旦完全重返北约,法国重申决心对联盟结构进行改革,以伸美国的领导与欧洲国家的参与之间更为平衡。法国人希望欧洲集体的因素能起更大的作用和影响。正如法国外长德沙雷特(Hervé de Charette)1996 年 4 月 8 日在一次演讲中所说的那样:"对法国来说,(与联盟和解的)基本目标就是要在联盟内维护运作中可信,政治上可见的欧洲特性。"

与此同时,法国毫不犹豫地在策略上利用它与俄罗斯的传统联系来制约美国的欧洲政策,并在凡是有用的时候就重温它从前与英国的友好关系以抵消德国在欧洲不断加强的首要地位。法国外长 1996 年 8 月对此说得近乎露骨。他宣称:"如果法国发挥一种国际作用,它一定会得益于一个强大的俄罗斯的存在,得益于帮助俄罗斯重新成为一个主要大国。"俄国外长随即对此作出了回应:"在世界所有的领导人中,法国人是在同俄罗斯关系中最接近采取建设性态度的。"2

法国起初对北约东扩的支持不冷不热——其实是对北约东扩是否可取几乎不加掩饰地表示怀疑。这在一定程度上就是为了获取与美国打交道时的影响力而制定的策略。恰恰由于美德是北约东扩的主要倡导者,对法国最适宜的才是采取冷淡态度,有保留地行事,为北约东扩对俄罗斯的潜在影响表示担忧,从而扮演欧洲与俄罗斯的最合适的对话者的角色。法国人甚至给一些中欧人这样的印象,即法国人并不反对俄罗斯在东欧有一个势力范围。因此,法国打俄罗斯牌不仅牵制了美国并向德国传达了一个并不十分隐晦的信息,而且增加了对美国的压力,要美国认真考虑法国提出的改革北约的建议。

北约的扩大归根结蒂需要 16 个成员国的一致同意。巴黎知道它的默许在达成一致中将举足轻重,而且为了避免来自其他成员国的阻力,法国的实际支持是必须的。因此,法国毫不隐讳其意图,就是把它对北约扩大的支持作为抵押品,要挟美国最终接受法国改变联盟内部力量对比及其根本组织结构的决心。

法国原先在支持欧盟扩大方面也同样采取不冷不热的态度。这一进程主要由德国带头。美国也给予支持,但没有像介入北约扩大那么深。尽管法国在北约内往往争辩说,欧盟的扩大将为那些前共产党国家提供更为合适的保护伞,但当德国开始力争更迅速地把欧盟向中欧扩大的时候,法国却立即开始提出技术上的问题,并要求欧盟对欧洲南部不受保护的地中海一翼给予同样的重视(这些分歧早在 1994 年 11 月法德首脑会晤时就已经出现)。法国强调后者还收到了赢得北约南部成员的支持的效果,从而最大限度地增加法国在讨价还价过程中的筹码。但法国这样做的代价是扩大了法德两国在欧洲地缘政治观上的分歧。1996 年下半年,法国最终同意波兰加入北约与欧盟,才部分地缩小了法德间的这一分歧。

　　从历史演变的角度看,法德之间的这种分歧是不可避免的。自两次大战结束以来,民主德国就一直认为,法德和解是在分裂的欧洲西半部建设一个欧洲大家庭所必需的。这种和解对德国恢复历史名誉也十分重要。因此,德国为此付出接受法国的领导这一代价还算公平。与此同时,苏联对脆弱的联邦德国持续的威胁又使忠于美国成为德国能生存下去必不可少的先决条件,就连法国也承认这一点。但在苏联崩溃后,为了建设一个更大更统一的欧洲,再从属于法国就既无必要也无好处了。统一的德国实际上已是一个更加强大的伙伴,所以平等的法德伙伴关系对法国来说是再公平不过的事情了。因此,法国没有其他选择而不得不接受德国更愿与大西洋彼岸的盟友和保护者建立首要的安全联系这个事实。

　　冷战结束后,这种联系对德国来说变得更为重要。从前它使德国避免了外来直接威胁的侵害,也是德国最终统一必要的先决条件。随着苏联的解体及德国的统一,现在德国与美国的联系又为德国提供了保护伞。在这一保护伞之下,德国可以更公开地在中欧起领导作用,同时又不对其邻国构成威胁。这种同美国的关系提供的不仅仅是德国行为端正的证明书,它还向德国的邻国保证,若它们同德国保持密切的关系,也就意味着与美国建立更为密切的关系。所有这些都使德国比较放松地公开阐明自己地缘政治的优先考虑。

德国这一航船安全地停泊在欧洲。美国在欧洲可以看得见的军事存在又使它变得无害而可靠。因此,德国现在可以力促把新近获得自由的中欧国家融入欧洲框架。这将不再是旧时德帝国主义的中欧,而是一个在德国的投资及贸易带动下经济复兴并更为友善的大家庭。德国还将扮演赞助者的角色,最终把这个新的中欧正式纳入欧盟和北约。由于法德联盟为德国扮演更具决定性的地区角色提供了重要舞台,德国就不再需要在其特殊利益轨道内表现自己时羞羞答答了。

在欧洲地图上,德国的特殊利益区域可用一个长椭圆形来表示,在西部当然包括法国,在东部则覆盖中欧新获得解放的原共产党国家,还包括各波罗的海共和国、乌克兰、白俄罗斯甚至延伸至俄罗斯境内(可参见图3.1)。从许多方面看,这个区域与德国在历史上曾有过的建设性文化影响范围相一致。这个范围是由德国城市和农业殖民者于前民族主义时期在中东欧和波罗的海诸共和国区域内营造出来的。他们在第二次大战过程中已被扫除干净。更为重要的是,如果把法国(前面已有论述)和德国特别关注的地区放在一起,在如图3.1所示,这两个地区实际上勾画出了东欧与西欧的界限,而两个地区的重叠部分则突出了法德关系和地缘政治上有决定意义的重要性,因为这是欧洲的重要核心。

20世纪90年代中期德国与波兰的和解,标志着德国在中欧扮演更为公开自信的角色的关键性突破。尽管开始时有点犹豫,统一的德国(在美国的推动下)正式承认了奥得-尼斯河为它与波兰的永久边界。此举又消除了波兰与德国建立更为密切关系的唯一的最重要的障碍。在双方进一步采取了一些相互友好和谅解的姿态以后,德波关系发生了巨大的变化。不但双边贸易迅猛发展(1995年波兰超过俄罗斯而成为德国在东方的第一大贸易伙伴),而且德国成了波兰加入欧盟最主要的支持者,德国还与美国一起成了波兰加入北约的最主要的支持者。如果有人把到90年代中期波德的和解在中欧的地缘政治重要性同法德和解早先对西欧的影响相提并论,这一点也不过分。

德国的影响可以通过波兰向北辐射到波罗的海诸国,向东可以到达乌克兰和白俄罗斯。而且波德和解的范围通过波兰不时地参与法德关于欧洲前景的重要磋商而有所扩大。所谓的魏玛三角(由于第一次法、德、波三边高级磋商在德国城市魏玛举行而得名,这一磋商后来定期举行)在欧洲大陆形成了一个拥有三个国家总共1.8亿人口和十分明确的民族认同感的重要地缘政治轴心。一方面它进一步加强了德国在中欧的主导作用,但另一方面德国的作用又因波兰和法国参加三方对话而有所抵消。

德国对欧洲主要组织东扩十分明确的承诺使中欧更易于接受德国的领导,对那些较小的中欧国家来说更是如此。德国作出这样的承诺就使自己肩负起了与根深蒂固的西欧观念很不相同的历史使命。按照西欧那种观念,发生在德国和奥地利以东的事情多少已超出真正欧洲所应关注的范围。早在18世纪初,博林布鲁克勋爵(Lord Bolingbroke)[3]就明确声称,东部的政治暴力事件不会带给西欧人任何影响。这种态度在1938年慕尼黑危机时又重新出现。90年代中期在波斯尼亚冲突期间,英国与法国也再次采取了令人悲叹的态度。在目前有关欧洲未来的辩论中,这种看法仍是一股暗流。

与此相反,在德国真正引起辩论的问题只有一个,那就是北约和欧盟哪一个应该先扩大。国防部长支持北约先扩大,而外交部长则主张欧盟先扩大。结果是德国成了建立一个更大更统一的欧洲的无可争辩的倡导者。德国总理曾经把2000年定为欧盟实现第一次东扩的目标,德国国防部长也最先提议把北约成立五十周年作为实现北约东扩的有象征意义的适当时间。这样,德国对欧洲未来的看法就与它的欧洲主要盟友有了差别:英国人明白表示他们宁可建立一个更大的欧洲,因为他们把扩大看成是淡化欧洲统一的途径。法国人则担心扩大会增大德国的作用,因此支持搞一个范围较小的一体化。而德国对这两种想法都支持,从而在中欧获得了它自己的独特地位。

美国的总目标

对美国而言,主要问题是如何建设一个以法德关系为基础的欧洲,一个具有生存活力、与美国始终联系在一起并能扩展合作与民主的国际体系范围的欧洲。美国的全球首要地位的有效运作主要依赖这一体系。因此,这不是一个在法德之间作出取舍的问题。缺了法国或德国,便不会有欧洲。

从前文所述大体上可得出以下三个结论:

1. 美国必须介入欧洲统一事业,以补救已在削弱欧洲活力的内部士气与目标危机,克服欧洲普遍流行的关于美国最终并不赞成欧洲真正统一的疑虑,并为欧洲联合事业注入必要的民主兴奋剂。这就要求美国就最终接受欧洲是美国的全球性伙伴作出明确的承诺。

2. 从短期看,在策略上反对法国的政策并支持德国的领导地位是有道理的;从长远看,倘若真正的欧洲确实应运而生,则欧洲联合必须具备更鲜明的欧洲政治和军事特性。这就需要逐步对法国关于跨大西洋体制内权力分配的观点作出某种迁就。

3. 法国和德国均未强大到可单独建设欧洲或同俄罗斯解决在确定欧洲地理范围方面的固有麻烦。这便要求美国有力地、专注地和义无反顾地参与进来,特别是与德国人一道来确定欧洲的范围,并以此应付诸如波罗的海各共和国和乌克兰在欧洲体系内的最终地位等这些特别是对俄罗斯来说十分敏感的问题。

在广袤的欧亚大陆的地图上扫一眼,即可感受到欧洲桥头堡对美国的地缘政治意义及其地域上的相对狭小。维护该桥头堡并使它作为民主的跳板而扩大与美国的安全直接相关。美国对稳定和与之相关的民主传播所怀有的全球关注与欧洲表面上对这些问题的漠不关心(尽管法国自诩拥有全球性大国的地位)之间存在着鸿沟,需要填平。只有当欧洲越来越具备邦联特性时,这一鸿沟才能变窄。欧洲不会成为一个单一的民族国家,因为欧洲多种多样的民族传统都很顽固。但欧洲可以成为一个实体,通过共同的政治制度越来越多地体现共有的民主价值观,在民族价值观的普及中明确自身的利益,并对欧亚地域上的其他居民形成磁铁般的吸引力。

如果让欧洲人放任自流,他们就有陷入内部社会问题而不能自拔的危险。欧洲的经济复苏掩盖了表面成功背后的长期代价。这些代价会在经济上,同时也在政治上,带来极大的损害。

西欧日益面临政治合法性和经济活力方面的无法克服的危机，深深植根于受国家庇护的社会结构的普遍膨胀，这助长了家长作风、保护主义以及目光短浅的狭隘性。结果是营造了一种集逃避现实的享乐主义和精神空虚于一体的文化氛围，这种氛围可能被极端的民族主义分子或教条主义的理论家所利用。

如果这种氛围大肆泛滥，就可能对民主和欧洲概念造成致命的损害。就欧洲面临的新问题而论，民主和欧洲概念事实上是互相关联的。暂且不提对现存的社会经济结构进行不致引起政治动乱的改革这一需要，所有的新问题，不管是外来移民或是美国或亚洲的经济技术竞争力，都越来越多地只能在整个欧洲的范围内得到有效应对。一个比其各组成部分加在一起更大的欧洲，即一个在促进民主和广泛地改变人类基本价值观的信仰方面要发挥自身的全球性作用的欧洲，更有可能成为一个与政治极端主义、狭隘民族主义或社会享乐主义划清界线的欧洲。

无需唤起对德俄单独互相迁就的旧有恐惧，也无需夸大法国与莫斯科策略上调情的后果，只要欧洲仍在进行的联合努力失败，人们就会对欧洲地缘政治的稳定和美国在欧洲的地位感到不安。欧洲联合的任何失败事实上可能使欧洲人有必要重新使用一些相当传统的手法。这肯定会为俄罗斯或德国在地缘政治方面自行其是提供机遇。不过，如果欧洲现代史上还能给人以什么经验教训的话，那么俄、德都不可能在这方面获得持久的成功。然而，德国至少在界定自身民族利益时可能会变得更加我行我素和直截了当。

当前，德国的利益与欧盟和北约的利益是一致的，甚至在后两者的利益中得以净化。甚至90/绿党左翼联盟发言人也主张扩大北约和欧盟。但是，如果欧洲的统一和扩大受阻，便有理由推论,将会出现一个更带民族主义色彩的德国有关欧洲"秩序"观的诠释,从而对欧洲稳定构成潜在的损害。联邦议院基督教民主党领袖、科尔(Kohl)总理可能的继任者沃尔夫冈·绍伯勒(Wolfgang Schauble)在说下面这番话时就反映出这种思想状态。他说,德国不再是"反对东方的西方堡垒;我们已变为欧洲的中心",并有针对性地补充说:"在中世纪的漫长年代,德国曾被卷入创立欧洲秩序。"[4]按照这一思路,中欧地区会成为确立德国明显的政治主导地位的地区和德国单方面采取对东方和西方进一步实施单方面政策的基础,而不再是德国仅仅占据经济优势的一个欧洲地区。

欧洲到那时就不再是美国力量在欧亚大陆的桥头堡和向欧亚大陆扩展全球民主体系的跳板了。这就是为什么美国对欧洲统一毫不含糊而且非常具体的支持必须维持不变。尽管在欧洲经济恢复时期和在跨大西洋安全联盟内美国频繁表示支持欧洲统一及欧洲的跨国合作,但在行动上美国好像更喜欢与逐个的欧洲国家而不是与欧盟打交道,来处理棘手的经济和政治问题。美国在欧洲决策过程中偶尔地固执己见,似乎强化了欧洲的疑虑:当欧洲服从美国领导时,美国就支持欧洲人之间的合作;而当欧洲制定自己的欧洲政策时,美国就不支持欧洲人之间的合作。这是一个不应传播的错误信息。

美国在明确宣布它不但准备接受欧洲成为真正欧洲的结果,而且准备采取相应行动之前,已在1995年12月美欧马德里联合宣言中强有力地重申美国对欧洲统一的承诺,但这听起来依然空洞无力。对欧洲来说,最终结果必须是它与美国结成真正的伙伴,而不是受优待但仍是小伙伴的那种地位。真正的伙伴关系意味着共同决策并分担责任。美国对欧洲统一事业的支持将有助于使跨大西洋对话充满活力,并促使欧洲人更认真地致力于在世界上发挥一个真正举足轻重的欧洲可能发挥的作用。

可以想象,在某个时候,一个真正联合和强大的欧盟可能会变成美国的一个全球性的政治对手。欧盟当然可能变成一个难以驾驭的经济技术竞争者。与此同时,它在中东和其他地区的地缘政治利益也可能与美国的利益背道而驰。然而,事实上这样一个强大的和政治上专心致志的欧洲在可预见的将来是不可能出现的。与美国立国之初时的情况不同,欧洲对复兴民族国家有很深的历史渊源,而对一个超国家的欧洲的热望则显然已经消退。

未来十年或二十年有以下三种现实可能的选择:或者是一个不断扩大和日益统一的欧洲,尽管犹豫不决和有起有伏,仍然追求欧洲大陆统一的目标;或者是一个僵持的欧洲,其一体化的程度和地理范围基本上不超越目前状况,而中欧则继续处于地缘政治真空;或者是作为僵持状态的可能后续,出现一个恢复旧时的强权角逐且逐渐走向分裂的欧洲。如果出现一个僵持的欧洲,德国对欧洲的那种自我认同感几乎将不可避免地淡化,促使德国对自身国家利益的界定更具民族主义色彩。对美国来说,第一种当然是最好的选择,但这是一种如果要实现就需要美国全力支持的选择。

在欧洲建设犹豫不决的当前阶段,美国没有必要直接介入以下复杂问题的争论,诸如:欧盟是否应以多数赞成制(一个得到德国特别支持的立场)来作出对外政策决定,欧洲议会是否应该获得立法决策权及布鲁塞尔的欧洲委员会是否应成为事实上的欧洲行政当局,实施欧洲经济货币联盟协议的时间表是否应适当松动,欧洲最终是否应成为一个涵盖广阔的邦联或者成为一个以联邦实体为内核加上较为松散的外围周边地带的多层次实体。这些问题都应由欧洲人自己去研讨解决。解决这些问题的进程很可能不平衡，会停停走走，而且最终只能靠复杂的妥协被推动前进。

不过，人们有理由认为欧洲经济货币联盟将在 2000 年以前应运而生，最初可能由欧盟现有的十五个成员国中的六至十个成员国组成。这将加速欧洲在货币领域之外的经济一体化，同时进一步促进政治一体化。于是，伴随着断断续续的进程，一个拥有更为一体化的内核和较松散的外围的单一欧洲将会出现，并日渐成为欧亚棋局中的一个重要的政治棋手。

无论怎样，美国都不应给人以这样的印象：美国更喜欢一个尽管包括的地域更广、内涵却含糊不清的欧洲联合。美国应该通过言辞和行动重申，它最终愿意将欧盟视为美国全球性的政治和安全伙伴并与之打交道，而不仅仅把欧盟视为由通过北约与美国结盟的国家所组成的一个地区性共同市场。为使这一承诺更可信并超越关于"伙伴关系"的动听言辞，美国可以建议并启动在新的跨大西洋双边决策机制中与欧盟的联袂规划。

相同的原则也适用于北约。维系北约对跨大西洋联系至关重要。在这个问题上，美欧意见极为一致。没有北约，欧洲不但可能会脆弱得不堪一击，而且几乎立即会在政治上四分五裂。北约确保欧洲的安全并为寻求欧洲统一提供一个稳定的框架。这便是北约对欧洲具有历史性至关重要意义的依据。

然而，随着欧洲在犹豫中逐步走向联合，北约的内部结构和进程将不得不作出调整。在这个问题上法国人是有点道理的。不能设想，有朝一日会有一个真正联合的欧洲，却同时又有一个仍然以一个超级大国加上十五个依附国为基础的一体化联盟。

一旦欧洲伴随着欧盟逐渐履行某些超国家政府的职能而开始表现出其自身的真正政治特性,北约将不得不在"1＋1"(美国＋欧盟)公式的基础上作出改变。

这不会在一夜之间一蹴而就。再重复一次,走向这个方面的进展将是步履蹒跚的。但是这种进展必须在现有的联盟安排中得到体现,否则,缺少这种调整本身就会使进一步进展受阻。朝这个方向迈出的重要一步是1996年联盟决定组建联合特遣部队,由此设想到以联盟后勤保障和指挥、控制、通信及情报系统为基础,进行某种纯欧洲的军事行动的可能性。美国如果愿意进一步迁就法国关于增大西欧联盟在北约内的作用,特别是在指挥和决策方面的作用的要求,那么美国的这种态度也将表明美国对欧洲统一更真诚的支持并有助于缩小美法之间在欧洲最终自我定位问题上的分歧。

从更长远看,西欧联盟有可能吸收一些由于种种地缘政治或历史原因而不会寻求加入北约的欧盟国家入盟。属于这类国家的可能有芬兰或瑞典,甚至还可能有奥地利。这三个国家都已在西欧联盟内获得观察员地位。[5]另外一些国家也可能会谋求与西欧联盟建立联系,并以此作为最终加入北约的预备性步骤。西欧联盟在处理与欧盟未来成员的关系时也可能会在某个时候仿效北约的和平伙伴关系的做法。所有这些步骤都有助于在跨大西洋联盟的正式范围之外编织一个更广泛的欧洲安全合作网。

与此同时,在一个更大和更统一的欧洲出现之前(即使在最好的条件下这样一个欧洲也不会很快出现),美国必须与法国和德国通力协作,共同促进这样一个更统一和更大的欧洲的出现。因此,美国关于法国的主要政策难题,仍将是如何在不损害美德联系的情况下诱使法国更紧密地参与大西洋的政治和军事一体化;而关于德国的主要政策难题,则仍将是美国如何既可以依赖德国在大西洋主义欧洲的领导地位中得利而又不引发法国、英国及其他欧洲国家的不安。

美国在联盟未来结构的问题上表现出更大的灵活性会有助于最终争取法国对北约东扩的更大支持。从长远看,使德国的两边同处于一个一体化的北约军事安全区之内可以把德国更牢固地定位在一个多边框架内。这对法国应该是至关重要的。此外,联盟的扩大还将使"魏玛三角"(由德国、法国、波兰构成)变为在某种程度上制衡德国在欧洲领导地位之微妙手段这种可能性增大。尽管波兰加入联盟有赖于德国的支持(波兰对法国在联盟扩展问题上态度暧昧颇为不满),然而一旦波兰入盟以后,更可能出现的却是法国与波兰在地缘政治上持共同观点。

无论出现哪种情况,华盛顿都不应无视这样一个事实:在有关欧洲特性或北约内部运作等问题上,法国只是暂时的对手。更为重要的事实和华盛顿应该牢记的是,在把一个民主的德国永远拴在欧洲之内的重要任务中,法国是必不可少的伙伴。这便是法德关系的历史性作用。欧盟和北约东扩均应强化以法德关系作为欧洲内核的重要性。最后要说的是,法国不够强大,既不足以阻挠美国推行其欧洲政策中地缘战略的根本原则,又不足以使自己成为欧洲的领袖。因此,法国有些怪僻甚至发点脾气,都是可以容忍的。

注意到法国在北非和法语非洲国家发挥着建设性的作用,也是恰当的。法国是摩洛哥和突尼斯不可或缺的伙伴,同时还在阿尔及利亚起着稳定局势的作用。法国作这样的介入有充分的国内原因:约500万穆斯林现在居住在法国。因而北非的稳定和有序发展对法国利害攸关。然而这种利益又能给欧洲安全带来广泛的好处。若没有法国的使命感,欧洲南翼将更不稳定和更具威胁性。整个南欧对地中海南岸地区的不稳定所造成的社会政治威胁越来越感到不安。因而,法国对整个地中海地区事态的强烈关注同北约在安全方面的关注并非无关。美国在偶尔不得不应付法国关于其特殊领袖地位的过分要求时,应考虑到这一点。

德国另当别论。德国的主导作用不可否认,但在公开赞同德国在欧洲的领导作用时却必须谨慎行事。这种领导作用可能会对某些欧洲国家暂时有利,比如那些赞赏德国为欧洲东扩采取主动行动的中欧国家。西欧人对此也可以容忍,只要这种领导作用被置于美国的首要地位之下。但从长远看,欧洲建设不能以德国的领导作用为基础。太多的记忆仍在萦纡,太多的恐惧可能显现。一个由柏林建设并领导的欧洲是根本行不通的。这就是为什么德国需要法国、欧洲需要法德联系、美国不能在德法之间择其一的原因。

关于北约扩大最重要的一点在于它是一个与欧洲自身的扩大不可分割地联系在一起的进程。如果欧盟将成为一个地理上幅员更广大的共同体,成为一个由一体化程度较高的法德领导核心加一体化程度较低的外围组成的共同体,如果这样一个欧洲把自身的安全建筑在与美国继续结盟的基础之上,那么,其地理上最暴露的部分——中欧——就自然不能被明显地排斥于欧洲其他部分通过跨大西洋联盟而享有的安全感之外。在这一点上,美国和德国意见一致。在美国和德国看来,扩大的动因是政治的、历史的和建设性的。推动扩大的不是对俄罗斯的仇恨,也不是对俄罗斯的惧怕,更不是孤立俄罗斯的愿望。

因此,美国须特别紧密地与德国携手合作推动欧洲东扩。

在这个问题上,美德的合作和共同领导是必不可少的。如果美国和德国联袂鼓励其他北约盟友同意欧洲东扩并且在俄罗斯愿意妥协的情况下与俄罗斯有效地谈判相互迁就方案(见第四章),或者两国在建设欧洲的任务不能从属于莫斯科的反对意见这种正确信念的指引下采取果断行动,则东扩就会成为现实。为获得所需的北约全体成员国一致同意,特别需要美国与德国联合向其他成员国施加压力。倘若美德共同致力于获得这种一致意见,任何北约成员国都没有能力予以阻挠。

说到底,与上述努力利害关系最大的是美国在欧洲的长期作用。一个新欧洲尚在形成之中,倘若这个新欧洲在地理上将仍然是"欧洲—大西洋"空间的一部分,则北约的扩大就是必不可少的。确实,如果美国业已启动的扩展北约的努力停滞或徘徊不前,美国便不可能有什么对整个欧亚大陆的全面政策。这种失败将使美国的领导信誉扫地,将使"欧洲正在扩大"的观念被打得粉碎,将使中欧人灰心丧气,也还可能重新唤起俄罗斯现已休眠或行将泯灭的对中欧的地缘政治企盼。对西方而言,这将是一种自伤自残,使未来任何一种欧亚安全结构中形成真正的欧洲支柱的前景受到致命损害;对美国来说,这不仅是一个地区性的失败,也是一个全球性的失败。

指导欧洲渐进扩展的底线必须是这样的主张:现有的跨大西洋体系之外的任何国家都无权否决任何符合条件的欧洲国家加入欧洲体系并进而加入其跨大西洋的安全体系;任何符合条件的欧洲国家都不应最终被先验地排除在欧盟或北约之外,尤其是极易遭受武力攻击且日益符合条件的波罗的海国家有权知道它们最终也可以成为上述两个组织的正式成员,同时还有权知道,它们即使不去迎合扩展中的欧洲及其美国伙伴的利益,它们的主权也不会受到威胁。

实质上,西方特别是美国及其西欧盟友,必须回答瓦茨拉夫·哈维尔(Václav Havel)1996 年 5 月 15 日在亚琛十分雄辩地提出的问题:

> 我知道欧洲联盟和北大西洋联盟均不能一夜之间向所有渴望加入它们的国家敞开大门。这两个机构毫无疑问能够做的和在为时太晚之前应该做的是:向被视为一个有共同价值地区的整个欧洲明确保证欧盟与北约都不是封闭的俱乐部。二者应该制定出一个明确和详尽的渐进扩展政策。这一政策中不但含有一个时间表,而且还有对这个时间表内在逻辑的解释。

欧洲的历史性时间表

尽管在现阶段欧洲东部的最终界限既不能明确说明,也不能最终确定,但从最广义而言,欧洲是从共同的基督教传统中衍生出来的一个共有文明。欧洲的比较狭隘的西方定义是与罗马帝国及其历史遗产相联系的。但欧洲基督教传统中还包括拜占庭及其俄罗斯东正教的成分。因此,从文化上讲,欧洲的含义比耶稣使徒彼得的欧洲要广,彼得的欧洲则又比西欧广得多,尽管近年来西欧一直在盗用"欧洲"的名义。甚至仅仅对图 3.2 扫一眼便可确信,现在的欧洲根本不是一个完整的欧洲。更糟的是,这是一个在欧洲和俄罗斯之间存在着一个能对双方产生吸引作用的无安全保障的地区,并必然导致紧张和角逐的欧洲。

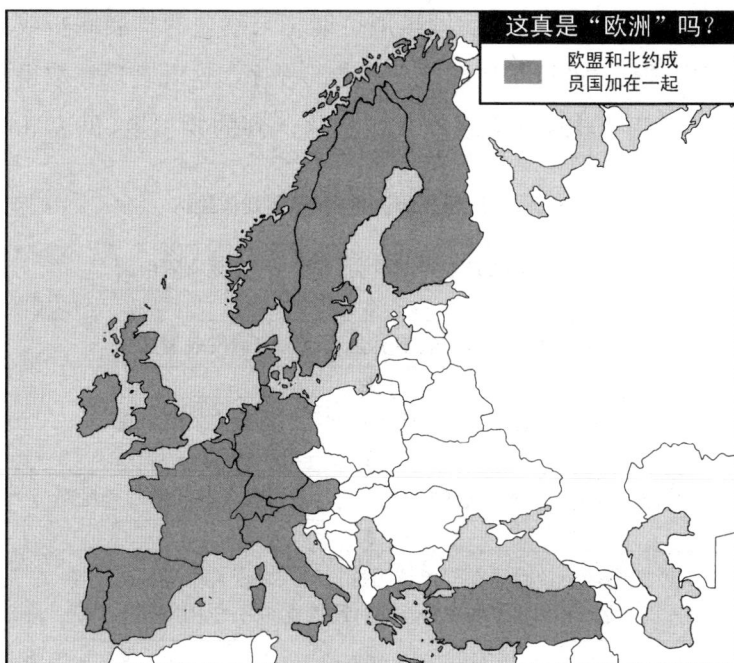

图 3.2

查理曼大帝时代的欧洲（仅限于西欧）在冷战期间由于客观的必要性而又有了意义，但这样的欧洲现在却成了畸形怪物。之所以这样是因为，日渐统一的欧洲除了是一种文明以外，还是一种生活方式、生活水准和不受种族和领土争端困扰的有共同民主程序的政治实体。这样的一个欧洲，目前在正式组织上范围要比其实际潜力小得多。几个较为先进、政治上稳定的中欧国家均属西方彼得的欧洲传统，主要有捷克共和国、波兰、匈牙利，可能还包括斯洛文尼亚。它们已明显具备了资格也渴望成为"欧洲"及跨大西洋安全体系的成员。

在当前的形势下，北约看来很有可能大概在 1999 年实行扩展而接纳波兰、捷克共和国和匈牙利。在这一初步但却重要的步骤之后,北约的任何后续扩展可能将与欧盟的扩展同步或紧接其后进行。欧盟扩展涉及更复杂的程序。这既表现在取得资格要分若干阶段,又表现在入盟必须达到的要求上,见表 3.2。

表 3.2　欧盟成员资格:从申请到被接纳

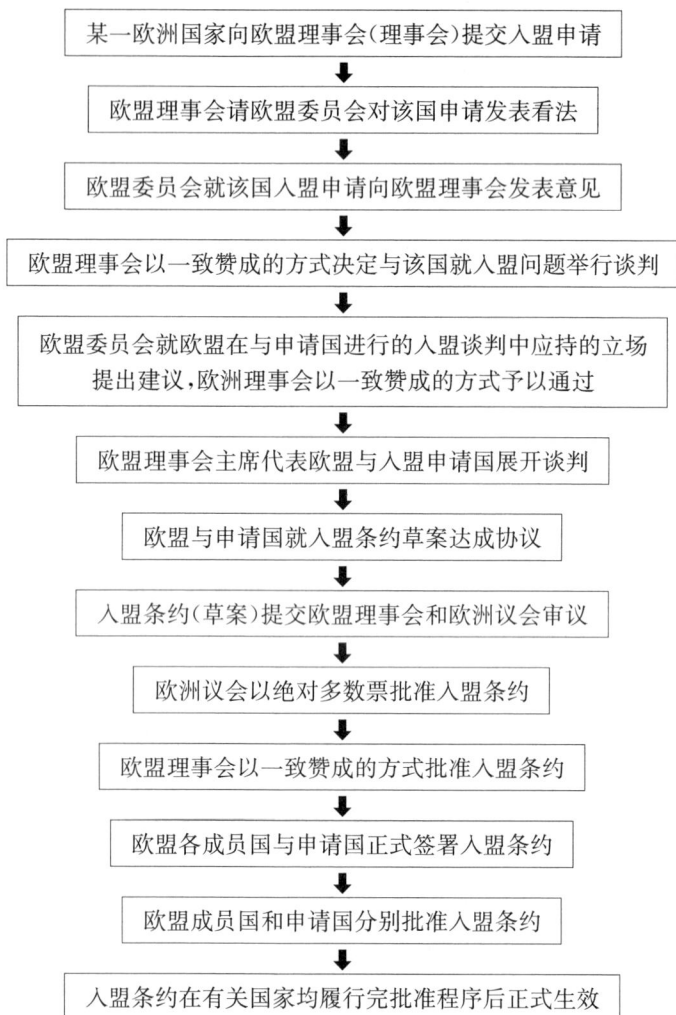

某一欧洲国家向欧盟理事会(理事会)提交入盟申请

⬇

欧盟理事会请欧盟委员会对该国申请发表看法

⬇

欧盟委员会就该国入盟申请向欧盟理事会发表意见

⬇

欧盟理事会以一致赞成的方式决定与该国就入盟问题举行谈判

⬇

欧盟委员会就欧盟在与申请国进行的入盟谈判中应持的立场提出建议,欧洲理事会以一致赞成的方式予以通过

⬇

欧盟理事会主席代表欧盟与入盟申请国展开谈判

⬇

欧盟与申请国就入盟条约草案达成协议

⬇

入盟条约(草案)提交欧盟理事会和欧洲议会审议

⬇

欧洲议会以绝对多数票批准入盟条约

⬇

欧盟理事会以一致赞成的方式批准入盟条约

⬇

欧盟各成员国与申请国正式签署入盟条约

⬇

欧盟成员国和申请国分别批准入盟条约

⬇

入盟条约在有关国家均履行完批准程序后正式生效

资料来源:C.S.I.S. US-EU-Poland Action Commission 提供。

因此,即使是接纳首批中欧国家加入欧盟也不可能早于 2002 年,或许还要晚一些。然而,当北约首批三个新成员加入欧盟后,欧盟和北约都必然会把接纳波罗的海国家、斯洛文尼亚、罗马尼亚、保加利亚、斯洛伐克(最终还可能有乌克兰)的问题提上日程。

值得注意的是,最终入盟的前景已在对未来的成员国的情况和行为发生建设性影响。意识到欧盟或北约均不希望被成员国之间在少数民族权益或领土要求方面的更多冲突所困扰(土耳其与希腊的争端已经够麻烦了),已使斯洛伐克、匈牙利和罗马尼亚受到必要推动,作出力争达成符合欧洲委员会制定的标准的妥协。只有民主国家才有资格入盟这一更为笼统的原则,也在发生着同样的作用。要求不被遗弃在北约和欧盟的外面的愿望,正在对新兴的民主国家产生着有力的重要影响。

不管怎么说,欧洲的政治联合与安全不可分割,这一点是不言自明的。作为一个实际问题,如果不同美国达成共同的安全安排,事实上便很难想象有什么真正联合的欧洲。由此而论,有资格开始并被邀请同欧盟进行入盟谈判的那些国家,从此时起也应自然而然地被视为事实上已被置于北约的假定保护之下。

与之相适应,扩展欧洲和扩大跨大西洋安全体系的过程很可能分若干深思熟虑的阶段而向前发展。假定美国和西欧始终如一地履行承诺,则一个纯属推测但又谨慎地符合实际发展阶段的时间表也许可以开列如下:

1. 到 1999 年,首批中欧新成员国将被接纳加入北约,尽管它们加入欧盟的时间可能不会早于 2002 年或 2003 年。

2. 同时,欧盟将启动与波罗的海国家的入盟谈判,北约同样也将开始运作以解决波罗的海国家和罗马尼亚加入的问题。这些国家可能于 2005 年完成加入北约的程序。在此阶段的某个时候,其他巴尔干国家也可能成为加入的对象。

　　3. 波罗的海国家加入北约可能会激励瑞典和芬兰考虑加入北约。

　　4. 在 2005 年至 2010 年之间的某个时候,乌克兰应能随时与欧盟和北约开始认真的谈判,特别是如果在这段时间中该国在国内改革方面取得了重大进展并成功地被外界更为明确地认定为一个中欧国家。

同时,法国-德国-波兰三方在欧盟和北约框架内的合作可能已大大加深,特别是在防务领域。这种合作可能成为任何扩大了的欧洲安全安排的西方核心,这一安全安排最终可能将俄罗斯和乌克兰也包括进来。鉴于德国和波兰在乌克兰独立问题上有特殊的地缘政治利益,乌克兰最终很可能也被逐渐吸纳进法国-德国-波兰的特殊关系。到 2010 年时,包括 2.3 亿人口的法国-德国-波兰-乌克兰政治合作关系可能演化成一种加大欧洲地缘战略纵深的伙伴关系(见图 3.3)。

上述情景究竟是以平和方式还是在与俄罗斯关系日趋紧张的背景下出现事关重大。应不断地向俄罗斯作出保证,欧洲的大门对俄罗斯是敞开的,就像最终加入扩大的跨大西洋安全体系和也许在将来的某个时候加入新的跨欧亚安全体系的大门对俄罗斯是敞开的一样。为使这些保证言而有信,应有意识地推进俄罗斯与欧洲在各个领域内的各种合作联系(俄罗斯同欧洲的关系及乌克兰在这方面的作用将在下一章中得到更充分的探讨)。

倘若欧洲在统一和扩展方面以及俄罗斯与此同时在巩固民

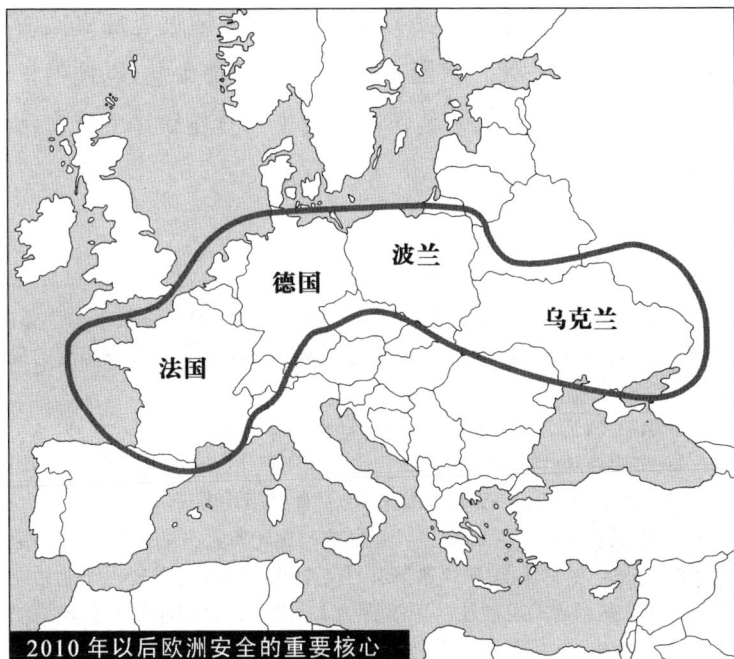

图 3.3

主和社会现代化方面均取得成功,则俄罗斯在某个时候也可以有资格与欧洲结成更牢固的关系。这又将使跨大西洋安全体系与跨欧亚大陆安全体系的最终合并成为可能。然而,作为一个活生生的现实,在相当长的一段时间内不会提出俄罗斯正式入盟的问题。如果这也可算作一个理由的话,这恰恰是不能毫无意义地对俄罗斯关闭各种大门的另一个原因。

最后要说的是,伴随着雅尔塔欧洲的消失,还必须使凡尔赛欧洲不再重现。欧洲分裂状态的结束不应成为将欧洲推回到众多民族国家争吵不休的状态的一个步骤,而应是一个出发点,营造一个因北约扩大而得以加强、因与俄罗斯的建设性安全关系而更加安全且幅员更大和日益统一的欧洲。因此,美国在欧洲的主要地缘战略目标可极其简明地归纳为:通过更加真实的跨大西洋伙伴关系来巩固美国在欧亚大陆的桥头堡,以便使扩大中的欧洲成为向欧亚大陆传送国际民主与合作秩序的更有活力的跳板。

注 释

1. 例如在下列组织的总预算中,德国出资的比例分别为:欧盟 28.5%;北约 22.8%;联合国 8.93%。此外,它还是世界银行和欧洲复兴开发银行的最大股东。

2. 转引自 *Le Nouvel Observateur*,August 12,1996。

3. 参阅博林布鲁克所著 *from the Pyrenean Peace to the Death of Louis XIV*。

4. *Politiken Sondag*,August 2,1996,活体是引用者所加。

5. 值得注意的是,芬兰和瑞典具有影响的舆论都已开始讨论与北约结盟的可能性。1996 年 5 月,瑞典媒体报道,芬兰国防部队司令员提出了北约在北欧领土上作一些部署的可能性。1996 年 8 月,瑞典议会国防委员会在一项表明要逐步与北约开展更密切的安全合作的决定中建议瑞典加入只有北约成员国参加的西欧军备集团(WEAG)。

第四章 黑 洞

　　世界上领土最大的国家 1991 年末的解体,在欧亚大陆正中心造成了一个"黑洞"。这就如同地缘政治学家所描述的"心脏地带"突然从世界地图上被挖走了一样。

　　这一复杂的地缘政治新形势带给美国严峻的挑战。可以理解,美国的紧迫任务当然是减小这个正在分崩离析却仍拥有强大核武库的国家陷入政治混乱或重新成为敌对的专制政权的可能性。然而,美国的长期任务依然是如何促进俄罗斯的民主改革和经济复兴,同时避免重新出现一个欧亚帝国,阻碍美国实现建立一个能把俄罗斯稳定安全地联在一起的更大的欧洲—大西洋体系这一地缘战略目标。

俄罗斯的新地缘政治环境

　　苏联的垮台是庞大的中苏共产主义集团逐步分裂过程的最

后阶段。这个集团曾在短时间内与成吉思汗帝国的地域相当，在某些领域甚至超过了后者。但这个存在年代较近的横跨欧亚大陆的集团，寿命却很短。铁托的南斯拉夫反水和毛泽东时代的中国不听号令，早就显示出共产主义阵营在比意识形态的约束更有力的民族主义的企盼面前的脆弱性。中苏集团持续了大约 10 年，苏联持续了大约 70 年。

但更具地缘政治意义的是长达几个世纪的莫斯科统治下的大俄罗斯帝国的灭亡。这个帝国的解体缘于苏联体制在社会经济和政治领域的总失败，虽然由于其一贯的保密制度和自我孤立，其中许多弊端几乎到最后垮台时才得以暴露。因此，世界被苏联看起来十分迅速的自我灭亡惊呆了。1991 年 12 月短短的两个星期内，苏联先是由俄罗斯、乌克兰、白俄罗斯共和国的首脑们公然宣布解散，然后正式被一个除波罗的海各共和国以外包括原苏联的所有共和国在内的称作独立国家联合体（独联体）的含糊不清的实体所取代。苏联总统无可奈何地辞职引退，苏联国旗最后一次从克里姆林宫降落。最后，一个主要由俄罗斯人组成的有 1.5 亿人口的俄罗斯联邦成为苏联事实上的继承者，而另外的共有 1.5 亿人口的其他共和国则不同程度地取得了独立的主权。

苏联的解体在地缘政治上造成了巨大的混乱。仅仅在半个月的时间内，俄罗斯人民突然发现他们不再是一个横跨欧亚大陆的帝国的主人，总体说来他们对苏联的解体比外界更无思想准备。俄罗斯在高加索地区的边界退回到了 19 世纪；在中亚则退回到了 19 世纪中叶。更有戏剧性和令人痛苦的是在西部，俄罗斯的边界退回到了 1600 年左右即"雷帝"伊凡四世统治之后不久。高加索的丢失重新唤起了对土耳其影响卷土重来在战略上的担心。失去了中亚,使人感到丢掉了这一地区丰富的能源和矿产资源,也对潜在伊斯兰挑战忧心忡忡。乌克兰的独立则动摇了俄罗斯是泛斯拉夫共同特性的天授旗手这一说法的根本。

在几个世纪以来一直由沙皇帝国占据、四分之三世纪以来则由俄罗斯主导的苏联占据的地盘上,现在出现了 12 个国家。除俄罗斯外,大多数国家对真正的主权毫无准备。这些国家从有 5 200 万人口的乌克兰到仅有 350 万人口的亚美尼亚,大小不等。它们能否生存下去不能确定,莫斯科是否愿意永远接受这一新的现实同样不可预测。2 000 万左右说俄语的人现在成了外国居民,更加重了俄罗斯人受到的历史震撼。这些国家在政治上受民族主义越来越强的精英们统治。在经受了几十年来或多或少带有强制性的“俄罗斯化”后,他们决心要表现出它们各自的特性。

俄罗斯帝国的垮台使欧亚大陆的中心出现了一个力量真空。不仅新独立国家虚弱不堪,十分混乱,俄罗斯本身也因为动荡,特别是因为在政治动荡的同时企图抛弃旧的苏联社会经济模式,发生了巨大的全面危机。俄罗斯因担心穆斯林在新独立的塔吉克斯坦上台而进行了军事介入,使民族问题更趋严重。对车臣政治经济上付出高昂代价的可悲的残酷干预,更使问题雪上加霜。最令人痛苦的是俄罗斯的国际地位大幅下降。虽然仍拥有庞大但越来越陈旧的核武库,曾是世界上两个超级大国之一的俄国现在却被许多人视为只不过是第三世界的一个地区性大国而已。

俄国严重的社会危机扩大了地缘政治真空。四分之三个世纪的集权统治给俄国人民带来了伤害。大批最有才能和干劲最

足的人被杀害或死于古拉格劳动营,人数达数百万。另外,在
20世纪内,俄国还经历了第一次世界大战的蹂躏、一场长期内
战中的死难和第二次世界大战的暴行和破坏。俄国政权推行压
制性的教条主义的正统思想,断绝了俄国与世界的联系。俄国
经济政策对生态问题完全漠然视之,环境和人民身心健康深受
其害。据俄国官方的统计数字,至20世纪90年代中,仅约40%
的新生儿是健康的;约五分之一的俄国小学一年级学生有不同
形式的智力低下问题。男子平均寿命下降至57.3岁。俄国的
死亡率高于出生率。俄国的社会状况实际上是典型的中等第三
世界国家水平。

对20世纪俄国人民遭受的恐惧和苦难,无论描述得如何严
重也不为过。由于以下一系列事件的社会影响,几乎所有的家
庭都未曾有机会过正常的文明生活:

——1905年的日俄战争,以俄国战败蒙辱而告终;

——1905年第一次"无产阶级"革命,引发大规模城市
暴力活动;

——1914—1917年第一次世界大战,俄国死伤几百万
人,经济陷入极度混乱;

——1918—1921年内战,再次造成几百万人丧生,国
家遭到严重破坏;

——1919—1920年,俄波战争,以俄战败而终;

——20世纪20年代早期建立古拉格劳动营,革命前
的精英遭到杀戮和大规模逃离俄国;

——20世纪30年代早期和中期的工业化和集体化运
动,造成乌克兰和哈萨克斯坦的大规模饥荒和几百万人
死亡;

——20 世纪 30 年代中期和晚期的"大清洗和大恐怖";几百万人被关进劳改营,100 多万人被枪决,几百万人死于受虐待;

——1941—1945 年的第二次世界大战,平民和军人伤亡人数达数百万,经济破坏惨重;

——20 世纪 40 年代晚期再次实施斯大林主义的恐怖,从而再次发生大规模的逮捕和频繁的处决;

——从 20 世纪 40 年代末到 80 年代末长达 40 年的与美国的军备竞赛,造成社会贫困;

——20 世纪 70 年代到 80 年代期间为把苏联的力量扩展到加勒比、中东和非洲地区而耗尽财力;

——1979—1989 年劳民伤财的阿富汗战争;

——苏联的突然解体,社会动荡,痛苦的经济危机,血腥而又耻辱的车臣战争。

俄罗斯的内部危机和国际地位的丧失令人苦恼和不安,对俄罗斯的政治精英来说尤其如此。俄罗斯地缘政治形势也受到严重的负面影响。在西部,由于苏联的解体,俄罗斯国界被十分令人痛苦地更改,地缘政治影响的范围大大缩小(见图 4.1)。自 18 世纪以来,俄国一直控制着波罗的海诸国。现在失去了里加和塔林港,使俄罗斯进出波罗的海更受限制,且受失去冬天的不冻港之苦。虽然俄罗斯总算保住了对在形式上新获独立但高度俄罗斯化的白俄罗斯的政治主导地位,但也难保蔓延的民族主义最终不会在那儿占上风。在原苏联疆域之外,华沙条约组织的崩溃意味着以波兰为代表的原中欧卫星国正迅速倒向北约和欧盟。

最麻烦的是丢掉了乌克兰。一个独立的乌克兰国家的出现

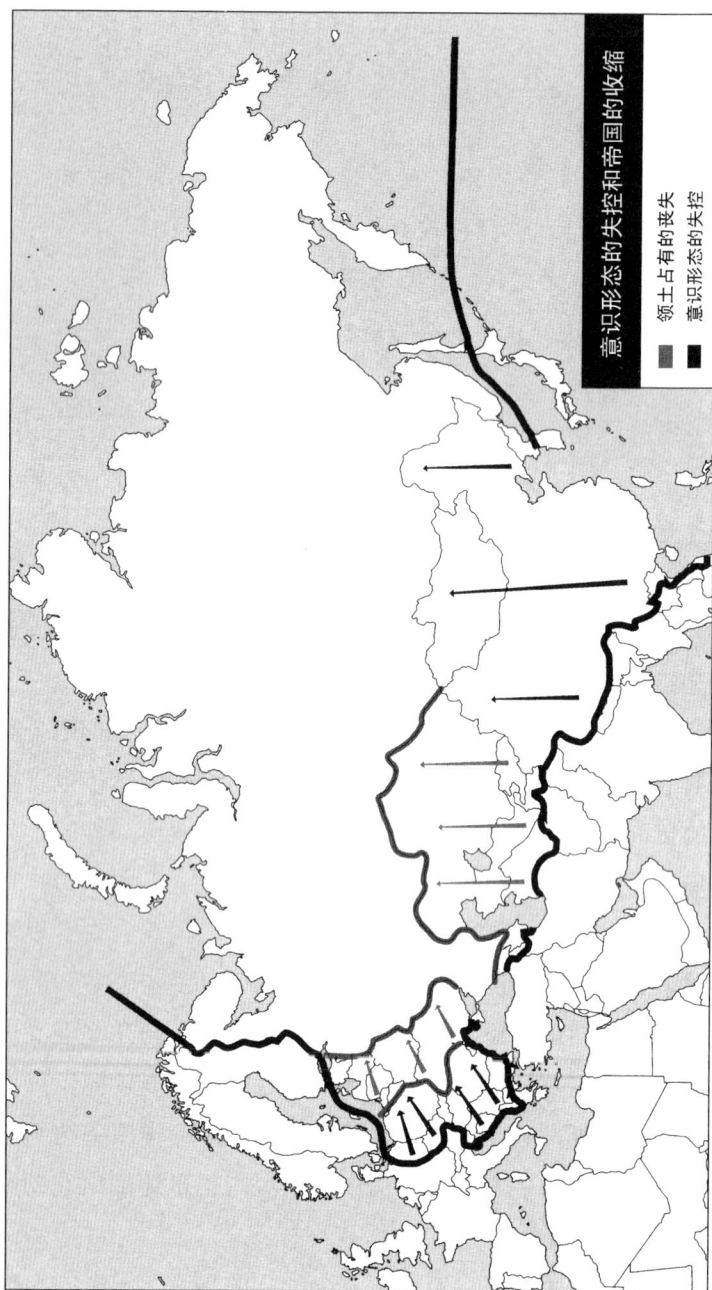

图 4.1

不仅迫使所有俄罗斯人重新思考他们自己的政治和民族特性的性质,而且也是俄罗斯在地缘政治上遭受的重大挫折。乌克兰从300多年的俄罗斯帝国历史脱离出去,意味着俄罗斯失去了一大块潜在富裕的工农业经济和在种族与宗教上同俄罗斯人极为接近的5 200多万人口。而这些本是足以使俄罗斯成为一个真正庞大而自信的帝国的。乌克兰的独立也使俄罗斯失去了它在黑海的主导地位,因为黑海的奥德萨是俄罗斯与地中海地区以及与距离更远的国家贸易的重要通道。

从地缘政治上看,丢掉乌克兰有举足轻重的影响,因为这使俄罗斯的地缘战略选择受到极大限制。即使失去了波罗的海诸国和波兰,一个依然控制着乌克兰的俄罗斯仍可争取充当一个自信的欧亚帝国的领袖,主宰原苏联境内南部和东南部的非斯拉夫人。但丢掉了乌克兰及其5 200多万斯拉夫人,莫斯科任何重建欧亚帝国的图谋均有可能使俄罗斯陷入与在民族和宗教方面已经觉醒的非斯拉夫人的持久冲突中。与车臣的战争也许仅是第一个例子而已。另外,由于俄罗斯出生率日益下降而中亚人口急剧增加,任何没有乌克兰而仅建立在俄罗斯力量之上的新欧亚帝国,随着时间的推移,其欧洲化色彩将不可避免地减弱,而日趋更加亚洲化。

丢掉了乌克兰,在地缘政治上不仅是重要的,而且起了催化作用。正是乌克兰1991年12月宣布独立以及在贝拉维扎的关键性谈判中坚持由一个松散的独立国家联合体取代苏联,尤其是乌克兰采取政变式的突然行动,强行夺取驻乌的苏军部队的指挥权,才使独联体没有成为仅是一个更加邦联化的苏联的新名称。乌克兰的政治自决使莫斯科目瞪口呆,并成为一个榜样,原苏联的其他共和国虽然开始时仍较胆怯,随后均纷纷仿效。

俄罗斯失掉其在波罗的海的主导地位的一幕在黑海重演,不仅是由于乌克兰独立,也是因为格鲁吉亚、亚美尼亚、阿塞拜疆这些新独立的高加索国家,为土耳其恢复其一度失去的在本地区的影响增加了机会。1991 年以前,黑海是俄罗斯海军力量进入地中海的出发点;到 20 世纪 90 年代中期,俄罗斯在黑海仅剩一小条狭长的沿岸地带。为苏联黑海舰队的残余部分使用在克里米亚的基地,俄罗斯同乌克兰仍争执不休。俄罗斯眼睁睁地恼怒地看着北约—乌克兰联合进行海军和登陆演习,土耳其在黑海地区影响不断扩大。俄罗斯还怀疑土耳其向车臣抵抗分子提供了有效的援助。

在更远的东南部,地缘政治的动荡同样极大改变了里海盆地乃至中亚地区的总的地位。苏联解体之前,里海实际上是一个俄国的湖,仅南部一小部分属于伊朗。一个独立的和民族主义十分强烈的阿塞拜疆出现了,而蜂拥而至的急切的西方石油投资者又加强了阿塞拜疆的力量。加上同样独立的哈萨克斯坦和土库曼斯坦也出现了。这一切使俄罗斯现在仅是里海盆地财富的五个争夺者之一。俄罗斯再也不能心安理得地认为它能够自行处理这些财富。

中亚国家的独立意味着俄国东南部边境在有些地方向北退了 1 000 多英里。这些新独立国家拥有丰富的矿产和能源储藏,必然会引起外国的兴趣。几乎可以肯定,不仅那些国家的精英,而且不久以后它们的普通民众,民族主义情绪也将越来越强烈,可能会在对世界的看法上更趋伊斯兰化。哈萨克斯坦土地辽阔,自然资源丰富,但在其近 2 000 万人口中,哈萨克人和斯拉夫人的人数基本相当,语言和民族纠纷极易激化。乌兹别克斯坦人口约 2 500 万,民族要单一得多,领导人喜欢强调历史上的辉煌岁月。乌兹别克斯坦现在日益自信地强调本地区在后殖民地时代的新地位。土库曼斯坦在地理上因隔着哈萨克斯坦而与俄罗斯没有直接联系。为减少以前为进入世界市场在通讯方面对俄罗斯的依赖,土库曼斯坦正积极开拓与伊朗的新联系。

由于受到土耳其、伊朗、巴基斯坦、沙特阿拉伯等的外来支持,中亚各国并不像许多俄罗斯人继续希望的那样,愿意用它们的新政治主权来换取能带来实惠的与俄罗斯的经济一体化。至少它们与俄罗斯之间的某种紧张和敌对是不可避免的,而车臣和塔吉克斯坦令人痛苦的先例说明,不能完全排除比这更糟糕的情况。对俄罗斯人来说,与在其整个南翼(再加上土耳其、伊朗和巴基斯坦,总共有3亿多人口)的各伊斯兰国家发生冲突的潜在可能性,不能不使他们感到严重的不安。

最后,俄罗斯帝国解体之时,虽然远东地区并未发生领土和政治变化,俄罗斯在该地区也面临不祥的地缘政治新形势。几个世纪以来,中国至少在政治和军事方面一直比俄国弱,也比俄国落后。每个关注俄国国家前途和对十年来急剧变化感到困惑的俄国人,都无法忽视中国正逐步变得比俄国更先进、更具活力、更成功这个事实。中国的经济实力与其12亿人民活跃的精力结合在一起,正从根本上逆转着两国之间的历史方程式,而西伯利亚的空旷空间几乎在召唤着中国去殖民。

这个令人惊诧的新现实定将影响俄罗斯在远东地区的安全感和在中亚的利益。不要很久,其地缘政治意义甚至可能会超过丧失乌克兰对俄国的影响。俄国后共产主义的首任驻联合国大使、后来又担任俄罗斯杜马外事委员会主席的弗拉季米尔·卢金(Vladimir Lukin)充分阐述了其中的战略意义:

> 过去俄国虽然落后于欧洲,但却自认为比亚洲先进。

但从那以来,亚洲发展的速度要快得多……我们发现自己不再处于"现代化的欧洲"和"落后的亚洲"之间,而是处于两个"欧洲"之间的一个奇怪的中间地带。[1]

总之,俄国直到最近仍是一个领土辽阔的大帝国的缔造者并领导着一个从欧洲中心一度延伸到南中国海的一批卫星国组成的意识形态集团,现在却成了一个麻烦甚多的民族国家,在地理上没有便捷的与外部世界联系的通道,在东、西、南三面都面临着与邻国爆发会削弱自己的冲突的潜在危险。似乎只有北部无人居住和难以通行的、几乎永久冰冻的地区,才是它地缘政治的安全地区。

地缘战略的种种幻景

总之,后帝国的俄罗斯出现一段历史和战略上的混乱是不可避免的。令人吃惊的苏联垮台,特别是大俄罗斯帝国出乎一般人意料和令人目瞪口呆的解体,在俄罗斯引起了深刻的反思。人们就俄罗斯在当前历史中应如何自我定位的问题展开了范围广泛的讨论。人们公开和私下激烈地争论多数大国从未想到过的一些问题:什么是俄国?俄国在哪里?做一个俄国人意味着什么?

这些不仅仅是理论问题。对问题的任何答复均蕴含着重要的地缘政治含义。俄国是一个由纯粹的俄罗斯种族组成的民族国家,或者是从定义上讲范围要更广(就如同不列颠比英格兰要广一样),因而注定要成为一个帝国?从历史、战略、种族的角度看,俄国恰当的边界在哪儿?如果从这样的历史、战略和种族角度看,乌克兰的独立是否仅是暂时出了偏差(许多俄国人都愿这样想)? 俄国人是否必须在种族上是俄罗斯人(Russkyi),抑或他可以在政治上是俄国人,但在种族上不是俄罗斯人?〔也就是说是"Rossyanin",相当于"英国人"(British)却不是"英格兰人"(English)?〕例如,叶利钦(Yeltsin)和一些俄国人认为,车臣人确实也可以且应该被认为是俄国人(这种说法造成了悲剧性的后果)。

苏联解体的前一年,在已看到俄国末日来临的为数不多的人中,有一名俄国民族主义者曾绝望地断言:

> 倘若这个对俄国人民来说不可想象的可怕灾难真的来临,国家四分五裂,在其千年历史中深受贫困和欺骗的人民突然最后变得孤独无援,他们不久前的"兄弟"收拾起行李,登上"民族救生艇",驶离正在倾覆的航船,——那么,我们是无处可去的……

> 体现着政治、经济、精神的"俄罗斯思想"的俄罗斯国家将要重建。它将汇集突然之间化为乌有的 1 000 年王国史和 70 年苏联史的全部精华。[2]

但如何做到这一点呢? 找到一个能为俄国人民接受又切合现实的答案很难。俄罗斯国家自身的历史性危机更使其难上加难。几乎贯穿俄国整个历史的是,国家既是领土扩张又是经济发展的工具。这个国家也从未刻意地按西欧传统把自己看作纯粹的民族工具,而是把自己定位为特殊的超民族使命的实施者,用宗教、地缘政治或意识形态等术语赋予"俄罗斯思想"以不同的解释。现在这个使命突然遭到摒弃,因为国家的疆域已缩小到主要限于一个民族的范畴。

此外,俄罗斯国家(可以说是其"本质"意义上的国家)的后苏联危机的加重,不仅由于俄罗斯面对其帝国传教士使命突然被剥夺的挑战,而且由于:为了缩小俄国社会发展的落后状态与欧亚大陆较发达地区的巨大差距,俄国国内的现代化派(及其西方顾问们)正逼迫国家不再扮演社会财富的指导者、所有者和安排者这一传统的经济角色。这要求对俄罗斯国家的国际和国内作用进行政治上不折不扣的革命性的限制。这严重破坏了俄国国内生活已牢固地确立起来的模式,给俄国政治精英带来了因在地缘政治上失去方向而造成的四分五裂的感觉。

在这样一个令人困惑的背景下,如人们可以预料到的,"俄国何去何从和什么是俄国"的问题立即引出各种各样的回答。俄国横跨欧亚大陆的地理位置早就预先决定了其精英从地缘政治的角度考虑问题。后帝国和后共产主义俄罗斯首任外长安德列·科济列夫(Andrei Kozyrev)在他任期之初试图确定新俄罗斯在国际舞台应如何为人处世时,有一次就重新确认了这种思维模式。在苏联解体还不到一个月时他就说:"在放弃乌托邦思想后,我们开始推行实用主义……我们很快就认识到,地缘政治正取代意识形态。"[3]

总的说来,苏联解体后,可以说有三大派地缘战略设想在俄国应运而生。三种设想相互有部分重复,但每种最终都与俄国最关心的相对于美国的俄国地位问题有关,每种也都包含着一些内部的变异。对这些不同的思想派别可以归纳如下:

1. 优先考虑与美国的"成熟的战略伙伴关系"。对赞成这一主张的一些人来说,这实际上是共同统治全球的代名词。

2. 强调"近邻外国"是俄国的中心问题,其中一些人主张建立某种莫斯科主导的经济联合,但也另有一些人希望最终恢复某种程度的帝国控制,并以此建立一个能与美欧抗衡的大国。

3.反联盟,即建立某种反美的欧亚联盟来削弱美国在欧亚大陆的优势地位。

虽然第一种设想开始时在叶利钦的新执政班子中处于主导地位,但第二种设想不久就在政治上占了上风,并在一定程度上批判了叶利钦的地缘政治的政策重点。第三种设想出现得稍晚一些,大约在20世纪90年代中期才引起人们的注意,是越来越多的人感到苏联以后的俄罗斯地缘战略模糊不清和屡屡失败之后作出的反应。从历史角度看,这三派想法均不成熟,是从对俄罗斯当前国力、国际潜力和国外利益看法的种种幻景中派生出来的。

苏联刚解体时,叶利钦起初的立场是把俄罗斯政治思想中从未完全成功的"西方化"老观念推到登峰造极的程度。他主张俄罗斯本来就属于西方,应该成为西方的一部分并应尽可能地在国内政治中与西方亲近。叶利钦本人及其外长均持这一观点。叶利钦十分明确地谴责俄帝国的历史。1990年11月19日,叶利钦在基辅以乌克兰人和车臣人可随后用来反对他的言辞雄辩地宣称:

> 俄罗斯并不想成为某种新帝国的中心……由于俄罗斯曾长时间充当这种角色,俄罗斯比其他国家更懂得这种角色的可恶。俄罗斯从中得到了什么?结果是俄罗斯更自由了吗?更富有了吗?更幸福了吗?历史告诉我们,一个统治别的民族的民族不可能幸福。

西方特别是美国对俄罗斯新领导有意作出的友好姿态鼓励着俄罗斯外交政策部门中的后苏联的"西化派"。这既加强了俄罗斯新领导的亲美倾向,又诱使俄罗斯新领导要求直接成为西方的一员。俄罗斯因为新领导人同世界上唯一超级大国的最高决策者相互直呼其名而感到高兴。他们很容易自欺欺人地把自己也看作一个超级大国的领导人。当美国人提出在华盛顿与莫斯科之间建立"成熟的战略伙伴关系"时,在俄罗斯人看来,似乎这就认可了由一种新的美俄民主共同统治来取代原来的美苏争夺。

这种共同统治的范围将是全球性的。俄罗斯因此将不仅是苏联的合法继承者,而且是在真正平等基础上全球和解的事实上的伙伴。正如俄罗斯新领导人不厌其烦地表示的,这不仅意味着全世界应承认俄罗斯是美国的平等伙伴,而且没有俄罗斯的参与或同意,任何全球性问题都不能得到处理和解决。虽然没有公开说出来,这种幻想明显地包含着这样的想法:中欧将仍然是甚至将自愿地成为在政治上对俄罗斯有特殊亲近感的地区。华沙条约组织和经互会的解散将不会导致其原成员国倒向北约,甚至也不会仅仅倒向欧盟。

与此同时,西方援助将使俄罗斯政府有能力进行国内改革,让国家退出经济生活并使民主机构得以巩固。然后,俄罗斯的经济复兴、作为美国平等伙伴的特殊地位和俄罗斯巨大的吸引力,会鼓励最近才独立的新独联体国家,与俄罗斯实现更加紧密的经济和政治的一体化,因而也会扩大俄罗斯的范围,增强俄罗斯的实力。独联体国家因为俄罗斯不再对它们构成威胁而谢天谢地,并会逐步意识到,与俄罗斯进行某种形式的联合会收到实惠。

问题是这种主张既不符合国际现实,也不符合国内实际。"成熟的战略伙伴关系"观念虽然好听但却靠不住。美国既不愿意也不能够与俄罗斯分享全球性力量,甚至即使它愿意也做不到。新俄罗斯的国力虚弱不堪,社会极其落后,已不能充当美国真正的全球性伙伴。在华盛顿看来,德国、日本和中国至少也与俄罗斯同等重要和有影响。而且,在欧洲、中东、远东等有关美国国家利益的重要地缘战略问题上,美俄两国的目标大相径庭。一旦不可避免地发生分歧,政治实力、财政力量、技术创新和文化魅力方面的巨大差距将使"成熟的战略伙伴关系"成为一句空话,越来越多的俄罗斯人感到这个说法只是故意造出来欺骗俄罗斯的。

如果美国在早些时候,在美俄蜜月时期就开始着手北约的扩大,并同时向俄罗斯提出一项"难以拒绝的交易",即在俄罗斯与北约之间建立一种特殊的合作关系,俄罗斯的失望感或许可以消除。如果美国明确和坚决地奉行北约扩大的设想,并保证俄罗斯将被包括在这一进程之中,也许俄罗斯后来对"成熟的伙伴关系"的失望也可消除,克里姆林宫内西化派的政治地位也不会逐步削弱了。

1993年下半年,在叶利钦8月间公开赞同波兰加入跨大西洋联盟的意向并称这与"俄罗斯的利益"相一致之后,正是美国那样做的大好时机。但克林顿政府当时仍奉行"俄罗斯第一"的政策,于是又折腾了两年多。在此期间,克里姆林宫的调子变了,对丁在美国已经出现但飘忽不定的有意扩大北约的迹象越来越敌视。到1996年,美国决定把扩大北约作为建立更大、更安全的欧洲—大西洋共同体的政策中心目标时,俄罗斯人对此已持坚决反对的态度了。因此,可以说1993年是失掉历史机遇的一年。

必须承认,并非俄罗斯所有关于北约扩大的担忧都毫无道理,或出于恶意。的确有些反对派,特别是俄罗斯军方人士带着冷战思维,认为北约的扩大并非欧洲自身成长的必要组成部分,而是美国领导的一个仍然敌视俄罗斯的联盟对俄罗斯的进逼。

俄罗斯外交政策的一些精英,其中大部分实际上是原苏联官员,坚持他们长期形成的地缘战略观点,认为美国无权插足欧亚大陆,而北约扩大主要的动因就是美国企图扩大其势力范围。还有一些反对者怀有这样的期望,即一个游离于任何集团之外的中欧,在俄罗斯一旦恢复元气之后,将再一次回归俄罗斯地缘政治的势力范围。

但俄罗斯许多民主派也担心北约扩大将意味着俄罗斯被排斥在欧洲之外,政治上遭放逐,被认为没有资格参与欧洲文明的机制化框架。文化上的不安全感加上政治上的担忧,使俄罗斯感到北约扩大似乎是西方蓄谋已久的孤立俄罗斯政策的顶峰,使俄罗斯在世界上孤立无援,十分易受其多种敌人的攻击。此外,俄罗斯民主派既不知道中欧人对莫斯科半个多世纪的统治怨恨有多深,也不了解他们对加入一个更大的欧洲-大西洋体系的期望有多高。

总的说来,俄罗斯西化派的失望和削弱可能都难以避免。之所以如此,一个原因是,新的俄罗斯精英内部分歧严重,而总统和外长又都不能在地缘战略方面提供始终一贯的领导,他们没有能力清楚地说明新俄国在欧洲究竟要得到什么,也不能现实地评估俄罗斯的虚弱所带来的实际局限。莫斯科政治上准备战斗的民主派无力使自己勇敢地申明一个民主的俄罗斯不反对这个跨大西洋的民主大家庭的扩大,而且俄罗斯愿意与之结交。与美国共享全球性大国地位的幻想,使莫斯科的政治精英也很难放弃在原苏联地区,甚至在原中欧卫星国家中,建立俄罗斯特殊的地缘政治地位的思想。

这些情况对民族主义者来说正中下怀。到1994年,他们已重新开始发表意见。军国主义分子也利用这些情况,此时他们已成为叶利钦在国内非常重要的支持者了。他们对中欧国家的抱负作出越来越强烈和不时带有威胁性的反应,只是增强了那些原苏联卫星国寻求北约安全保护的决心,因为他们珍惜刚刚从俄国统治下争取到的解放。

克里姆林宫不愿否定所有斯大林进行过的对外征服,进一步加深了美俄两国的分歧。西方舆论,特别是北欧和美国的舆论,对俄罗斯关于波罗的海各共和国模棱两可的态度感到不安。俄罗斯虽然承认它们的独立,也不强迫它们加入独联体,但为了使在斯大林时代有目的地移居到波罗的海各国的大批俄罗斯人群体得到优惠待遇,甚至俄罗斯民主派领导人也不时使用威胁手段。克里姆林宫明显地不愿意谴责 1939 年苏联与纳粹德国的导致波罗的海各共和国被强行并入苏联的秘密协定,更使气氛笼罩上了阴影。甚至在苏联垮台五年以后,克里姆林宫的发言人在 1996 年 9 月 10 日的正式声明中还坚持说波罗的海各国是在 1940 年自愿"加入"苏联的。

后苏联的俄罗斯精英显然也曾期望西方会帮助,或至少不阻止俄罗斯在后苏联空间重新发挥主要作用。因此,他们对西方愿意帮助新独立的后苏联各国巩固其独立的政治存在感到愤懑。俄罗斯一些资深的美国外交政策分析家尽管警告说,"与美国对抗……是应该避免的一种选择",但他们也不无道理地指出美国正力图"在整个欧亚大陆重组国家间的关系……从而使这个大陆上不会出现一个主要的大国,而是有许多中等、较稳定、相当强大的国家……但这些国家无论是单个的还是整体的实力均不能超过美国"[4]。

在这个方面,乌克兰至关重要。特别是到了 1994 年,美国越来越重视美乌关系并帮助乌克兰保持其新的民族自由的倾向,使许多俄罗斯人,甚至俄罗斯的"西化派"都感到,这是一项针对俄罗斯把乌克兰最终重新纳入自己的范围这一重大利益的政策。乌克兰最终将以某种形式与俄罗斯"重新一体化"是许多俄罗斯政治精英的一个坚定信念。[5]结果,俄罗斯从地缘政治和历史的角度对乌克兰的分离地位的疑问,正好与美国关于一个帝国型的俄罗斯不可能是一个民主的俄罗斯的观点迎头相撞。

此外,纯粹的国内原因也证明两个"民主国家"间"成熟的战略伙伴关系"是不现实的。俄罗斯太落后,被集权统治破坏得太严重,不可能成为美国切实的民主伙伴。这个重要现实是关于伙伴关系的动听言辞掩盖不了的。而且俄罗斯只是部分地清算了过去的历史。几乎所有的"民主派"领袖人物,即使对苏联的过去已真正幻灭,也不仅是苏联体制的产物,而且是原先统治集团精英中的高级成员。他们不像波兰、捷克的领导人那样是原来的持不同政见者。苏联的重要权力机构,虽然已被削弱,士气低落,腐败不堪,却依然存在。

新民主精英因俄罗斯严重的经济危机而在政治上更脆弱。俄罗斯经济需要进行大规模改革,使俄罗斯国家不再干预经济。俄罗斯因此对西方,特别是美国援助寄予厚望。不过这些援助,特别是德国和美国的援助数量确实逐渐增大,但即使在最好的情况下也不能使俄罗斯经济很快恢复。由此而产生的社会不满更使那些失望的批评家的鼓噪声越来越大。他们声称,与美国的伙伴关系是假的,有利于美国,而损害了俄罗斯。

总之,在苏联刚刚解体后的几年内,建立一种有效的全球性伙伴关系的主观和客观先决条件均不具备。那些民主的"西化派"要价实在太高,而自己能做的又太少。他们想与美国建立一种平等的伙伴关系或者叫共同统治,在独联体内比较随心所欲地行事,并在中欧建立一个地缘政治上的"无人区"。但他们对苏联的历史又恨又爱的矛盾心理,他们对充当全球大国的想法不切合实际,俄罗斯国内经济危机深重,他们又缺乏广泛的社会支持,这一切使他们不可能捧出一个作为平等伙伴关系概念中应有之义的稳定而真正民主的俄罗斯。俄罗斯必须先经历漫长的政治改革过程、同样漫长的民主稳定过程和更加漫长的社会经济现代化过程,然后不仅在中欧,而且特别在原俄罗斯帝国范围内就新的地缘政治现实进行一场从帝国心态到民族心态的深刻变革。只有在这以后,与美国的真正伙伴关系才能成为可行的地缘政治选择。

在这种情况下,"近邻外国"优先的主张成为对亲西方政策选择的主要批评和初步成为外交政策的另一选择就不足为怪了。该主张认为"伙伴关系"这一概念忽略了对俄罗斯最重要的东西,即俄罗斯与原苏联的加盟共和国的关系。"近邻外国"成为重点强调需要在原苏联曾占据的地缘政治地区内重新建立一个以莫斯科为决策中心的有效框架的主张的略称。在此情况下,人们普遍认为,重点倾向西方特别是美国的政策成果少,代价人大。那种政策只会使西方更易于利用苏联解体造成的机会。

但是,"近邻外国"学派之下又包含了几种不同的地缘政治观念。它不仅包括认为独联体会转变为由莫斯科领导的欧盟式的组织的那些经济机能主义者和经济决定论者(其中也包括一些"西化派分子"),也包括那些把经济一体化看成仅是恢复帝国的工具之一的人。这样的经济一体化既可在独联体框架下进行,也可通过俄罗斯—白俄罗斯或俄罗斯、白俄罗斯、哈萨克斯坦、吉尔吉斯斯坦之间的特殊安排进行(在1996年作出的)。它还包括主张成立由俄罗斯、乌克兰和白俄罗斯组成的斯拉夫联盟的斯拉夫浪漫主义者，以及那些支持把欧亚主义这种有点玄妙的概念定为俄罗斯的长期历史使命的人。

"近邻外国"优先的主张最狭义的表达形式所涉及的只是一个理由十分充分的立场，那就是俄罗斯必须首先集中力量搞好与新独立国家的关系，特别是因为在苏联有意加强它们相互间经济依存关系的政策下，事实上它们仍与俄罗斯联系在一起。这在经济和地缘政治上都是有意义的。新独立国家的领导人不能忽视俄罗斯新一代领导人经常提到的"共同经济空间"这一现实。合作，甚至某种一体化是经济发展所必要的。因此，为扭转苏联政治上的解体带来的经济混乱和四分五裂状态，加强独联体的联合机构不仅是正常的，也是可取的。

对一些俄罗斯人来说，推动经济一体化是对已发生的一切行之有效和政治上负责的反应。人们经常把俄罗斯的形势与欧盟作类比是有道理的。主张经济一体化的温和派明确反对恢复俄罗斯帝国。例如，早在 1992 年 8 月由一些著名人士和政府官员组成的"外交和国防政策委员会"发表的一份题为《俄罗斯战略》的有影响的报告中就有针对性地提出了把建立"后帝国开明的一体化"作为建立后苏联"共同经济空间"的恰当计划。

但是强调"近邻外国"并不仅仅是主张地区经济合作的政治上仁慈的学说。其地缘政治内容带有帝国味道。甚至较为温和的 1992 年报告也谈到恢复了元气的俄罗斯将最终与西方建立一种战略伙伴关系，并宣称在这一关系中俄罗斯应起"调控东欧、中亚和远东形势"的作用。其他支持"近邻外国"优先的人则更直言不讳。他们明确谈到俄罗斯在后苏联空间的"独特作用"，指责西方向乌克兰及其他新独立的国家提供援助是奉行反俄政策。

　　俄议会外事委员会 1993 年的主席依·阿姆巴祖莫夫（Y. Ambartsumov）的论调虽并不极端却很典型。阿姆巴祖莫夫曾是"伙伴关系"优先政策的支持者,他公开宣称苏联空间是俄罗斯独家的地缘政治势力范围。1994 年 1 月,阿姆巴祖莫夫的论调得到了此前积极主张亲西方政策的外长安德列·科济列夫的响应。科济列夫称俄罗斯"必须在几个世纪来一直是俄国利益范围的地区内保持军事存在"。事实上,1994 年 4 月 8 日《消息报》称,俄罗斯成功地在新独立的各共和国领土上保留了至少 28 个军事基地。如果在地图上把俄罗斯在加里宁格勒、摩尔多瓦、克里米亚、亚美尼亚、塔吉克斯坦和千岛群岛的军事存在用线连起来,实际上大体与原苏联的外部边界相当(见图 4.2)。

图 4.2

1995年9月,叶利钦总统发表俄罗斯对独联体政策的正式文件,把俄罗斯的目标概括为:

> 俄罗斯对独联体政策的主要目标是建立一个能在国际社会上占有适当位置的政治、经济一体化的国家联盟,以巩固俄罗斯在后苏联空间建立的国家间政治经济关系新体系中的领导力量的地位。

人们应注意到该文件侧重于政治领域的努力,强调性地提到一个单一实体及"它"在世界体系中的地位,并强调俄罗斯在这个新实体中的主导作用。在强调这些时,莫斯科还坚持俄罗斯必须加强与新成立的独联体之间的政治、军事联系;必须建立一个共同的军事指挥体系;独联体各国的武装部队必须通过一项正式条约联结在一起;独联体的"外部"边界必须由中央(即莫斯科)控制;俄罗斯军队必须在独联体内的任何维和行动中发挥决定性的作用;必须在独联体内制定共同的外交政策,其主要机构必须设在莫斯科(而不是原先在1991年商定的明斯克),并由俄罗斯总统主持独联体首脑会议。

而且还远不止这些。1995年9月的文件也宣称:

> 应保证俄罗斯电视台和电台在近邻外国的广播,俄罗斯新闻在这一地区的传播应得到支持,俄罗斯应为独联体各国培训民族干部。

> 考虑到有必要以与俄罗斯友好关系的精神来教育独联体各国的年轻一代,应特别注意恢复俄罗斯作为苏联以后的地盘内的主要教育中心的地位。

在这样的气氛下,1996年初,俄罗斯杜马竟宣布苏联的解散是无效的。同年春天,俄罗斯与独联体中较随和的成员国签署了两个协议,密切相互间的经济和政治一体化关系。其中一个大张旗鼓地签署的协议实际上是规定要在新的"主权国家共同体"(俄语缩写为 SSR,是十足对苏联缩写 USSR 的怀旧)范围内建立俄国与白俄罗斯的联盟。另一个由俄罗斯、哈萨克斯坦、白俄罗斯、吉尔吉斯斯坦签署的协议要求在远期创建"一体化国家共同体"(Community of Integrated States)。两个协定均表明俄罗斯对独联体内部一体化进展的缓慢已不耐烦,并决心坚持推动这一进程。

"近邻外国"政策强调加强独联体的中央机制,因此把客观的经济决定论思想的一些成分与很强的建立帝国的主观决心结合了起来,但却并没有从更高的哲学高度或地缘政治角度回答仍然令人烦恼的问题:"什么是俄国?""俄国真正的使命和恰当的范围是什么?"

同样强调"近邻外国"且越来越有吸引力的欧亚主义思想,要填补的正是这个空白。这个以颇有文化意味甚至玄妙的术语阐明的主义,其方向的出发点是这样一个前提:从地缘政治和文化的角度看,俄罗斯既不完全是欧洲的,也不完全是亚洲的,因此,俄罗斯具有自己与众不同的欧亚特性。这种特性是俄国对从中亚到太平洋海岸辽阔土地的独特控制所遗留下来的,是莫斯科四个多世纪向东扩张所建立的帝国的遗产。俄国通过扩张,把一大批非俄罗斯人和非欧洲人纳入俄国,从而也形成了独特的欧亚政治文化特点。

作为一种学说,欧亚主义并非在后苏联时期才出现。它始于 19 世纪。但作为苏联共产主义明确的替代物和对所谓西方堕落的反应,兴盛于 20 世纪。俄国流亡者积极宣传这一学说以取代苏维埃主义,因为他们认识到苏联内部非俄罗斯人的民族觉醒需要一种起支配作用的超民族的学说。他们担心共产主义的最终失败也会导致古老的大俄罗斯帝国的瓦解。

早在20世纪20年代中期,一个重要的欧亚主义的倡导者特鲁别茨科伊(N.S.Trubetzkoy)王子便令人信服地阐述了这一点。他写道:

> 共产主义实际上是改头换面的欧洲主义,旨在破坏俄罗斯生活的精神基础和民族独特性,宣扬实际统治欧美的唯物主义观点……
>
> 我们的任务是当俄国不再是欧洲文明的扭曲反映时,当俄国再次回归自我成为俄罗斯—欧亚,自觉地继承和维护成吉思汗的伟大遗产时,创造一种崭新的文化,一种不同于欧洲文明的我们自己的文化。6

在后苏联的混乱情况下,这种观点大有市场。一方面,共产主义被指责为背叛了俄国正统思想,也背叛了特殊的玄妙的"俄罗斯思想";另一方面,西方主义也受到了批判,因为西方,尤其是美国被认为是腐败的,文化上反俄罗斯的,意在剥夺俄国在历史和地理上对欧亚大陆独有的、渊源很深的控制权。

历史学家、地理学家和人种史学家列夫·古米勒夫(Lev Gumilev)被广泛引用的文章给欧亚主义作了学术上解释。他的《中世纪的俄罗斯和大草原》《欧亚节奏》以及《历史上的人种地理》等书有力地阐述了欧亚大陆是俄罗斯人民的独特"人种"的自然地理背景,是俄罗斯人和大草原上非俄罗斯居民之间的历史上共生的结果,从此创造了一种独特的欧亚文化和精神特性。古米勒夫告诫说,适应西方,对俄国人民来说只能意味着失掉自己的"人种和灵魂"。

这些质朴的观点得到俄国各种民族主义政治家的响应。例如,叶利钦的前副总统亚历山大·鲁茨科伊(Aleksandr

Rutskoi)曾宣称："从我国的地缘政治形势看,很显然,俄国代表着连接亚洲和欧洲的唯一桥梁。谁成了这块土地的主人,谁就将成为世界的主人。"[7] 1996 年大选中叶利钦的共产党竞争者根纳季·久加诺夫(Gennadii Zyuganov)尽管是研究马列主义的,但也推崇欧亚主义对俄国人民在欧亚大陆广袤的土地上特殊的传教士的精神作用的玄妙强调。久加诺夫争辩说,俄国有独特的文化使命,也有特殊的地理优势来充当全球的领导者。

哈萨克斯坦领导人努苏尔丹·纳扎尔巴耶夫(Nursultan Nazarbayev)也提出一种更稳重实用的欧亚主义思想。纳扎尔巴耶夫在国内面临着人数几乎相等的土生土长的哈萨克人和俄罗斯移民之间的种族矛盾,同时也为了寻找减轻莫斯科要求政治一体化的压力的方式,他提出了"欧亚联盟"这一概念,以取代面目不清和效率低下的独联体。虽然他的想法没有更为传统的欧亚主义的玄妙内容,当然也并不赋予俄国人充当欧亚领导人的特殊使命,但其思想起源于这样一种观念:地理范围与苏联相当的欧亚大陆是一个有机的整体,也必须有政治的含义。

在某种程度上,俄罗斯地缘政治思想把"近邻外国"放在最重要的位置上是理所当然的。因为从安全和经济角度看,在后帝国的俄罗斯和新独立的国家间实现某种秩序和妥协十分必要。但使大部分讨论具有一种超现实色彩的是这样一个挥之不去的观念:从某些方面来看,不管前帝国的政治"一体化"是(因为经济原因而)自动实现还是作为俄罗斯最终恢复其所丧失的力量的结果而实现(且不用说是作为俄罗斯特殊的欧亚或斯拉夫使命而实现),这种"一体化"既是可取的,也是可行的。

在这一方面,人们经常与欧盟作比较,但却忽略了一个至关重要的不同点:欧盟,即使考虑到德国的特殊影响,也不是由一个在国民生产总值、人口和领土面积方面都超过其他所有国家总和的国家主导的;欧盟也不是一个民族帝国的继承者,其获得解放的成员也不深深怀疑"一体化"就是重新被统治的代名词。即使如此,若德国像前面提到的俄罗斯于 1995 年 9 月那样正式宣布其目的就是加强和扩大德国在欧盟的领导地位,人们也不难想象欧洲国家会作出什么反应。

与欧盟作比较还有一个问题,那就是开放的和较发达的西欧国家已为民主的一体化作好了准备,而且大多数西欧人看到了这种一体化所带来的实实在在的经济和政治利益,西欧的那些相对贫穷的国家也能从中得到大量的补贴。相反,新独立的国家则把俄罗斯看作政治上不稳定却仍然盛气凌人、野心勃勃,并且在经济上是它们参与世界经济、获得急需的外资的障碍。

乌克兰特别强烈地反对莫斯科的"一体化"思想。乌克兰领导人很快就认识到这样的"一体化",特别是在俄罗斯对乌克兰独立的合法性持保留态度的情况下,最终将会导致乌克兰的民族主权的丧失。而且俄罗斯对新独立的乌克兰国家采取的高压政策——不愿承认乌克兰的边界,对乌克兰在克里米亚的权利提出疑问,并坚持俄罗斯对塞瓦斯托波尔港独享治外法权的控制,使乌克兰已经觉醒的民族主义有了明确的反俄倾向。在一个新国家历史关键的成形阶段,乌克兰民族国家的自我定位因此从传统的反波兰或反罗马尼亚的方向转为集中反对俄罗斯提出的任何建立一个更为"一体化"的独联体或斯拉夫共同体(与俄罗斯及白俄罗斯)或欧亚联盟等建议,把这些建议都看成是俄罗斯为重建帝国的策略。

外部的支持鼓励了乌克兰维护其独立的决心。虽然开始时西方,特别是美国迟迟不承认分立的乌克兰国家地缘政治上的重要性,到 20 世纪 90 年代中期,美国和德国均已成为基辅分立特性的有力支持者。1996 年 7 月,美国防部长宣称,"我无论怎么说都不会夸大乌克兰作为一个独立国家对整个欧洲安全和稳定的重要性";9 月,德国总理虽然坚定地支持叶利钦总统,却也进一步宣称"乌克兰在欧洲的牢固地位再也不能受到任何人的挑战,谁也不能再对乌克兰的独立和领土完整提出争议"。美国的决策者们也把美乌关系称为"战略伙伴关系",故意用描述美俄关系的同样词语来描述美乌关系。

正如前面所述,没有乌克兰,以独联体或以欧亚主义为基础重建帝国都是不可行的。一个没有乌克兰的帝国最终只能是更"亚洲化"的离欧洲更遥远的俄罗斯。而且,欧亚主义对新独立的中亚各国也没有什么特别的吸引力,很少有中亚人热心于与莫斯科结成新的联盟。乌兹别克斯坦特别坚决地支持乌克兰反对俄罗斯把独联体提升为超国家实体,反对俄罗斯意在加强独联体的倡议。

其他独联体国家也警惕莫斯科的意图,倾向于团结在乌克兰和乌兹别克斯坦的周围反对或躲避莫斯科要求更紧密的政治和军事 体化的压力。同时,几乎所有新独立国家的民族意识正逐步加深,更有意识地谴责过去对莫斯科的顺从是殖民主义,努力消除其各种影响。因此,甚至在民族问题十分脆弱的哈萨克斯坦也与其他中亚国家一道废除了西里尔字母,而用土耳其早些时候改造过的拉丁字母取而代之。实际上,到 20 世纪 90 年代中期,为阻止俄罗斯用独联体作为政治一体化的工具,由乌克兰悄悄挑头,已非正式地形成由乌兹别克斯坦、土库曼斯坦、阿塞拜疆,有时也包括哈萨克斯坦、格鲁吉亚和摩尔多瓦组成的集团。

乌克兰坚持有限的、以经济为主的一体化，进一步使"斯拉夫联盟"这一概念失去了实际意义。这个由一些斯拉夫文化优越论者培育起来的，在亚历山大·索尔仁尼琴（Aleksandr Solzhenitsyn）支持下名噪一时的主张，一旦被乌克兰拒绝就自动失去了其地缘政治含义。"斯拉夫联盟"仅剩白俄罗斯一国与俄罗斯在一起。由于哈萨克斯坦北部的俄罗斯人聚居区也可能成为该联盟的一部分，"斯拉夫联盟"还有可能使哈萨克斯坦分裂。这种可能性当然不会使哈萨克斯坦的新统治者感到放心，而只会激化反俄的民族主义倾向。在白俄罗斯，一个没有乌克兰的斯拉夫联盟只能意味着白俄罗斯被俄罗斯兼并。这也将激起更强烈的民族不满情绪。

"近邻外国"政策的这些外部障碍，因俄国人民的情绪这个重要的内部制约而大大增强。尽管政治精英之间就俄国在前帝国范围内的特殊使命大做文章和在政治上鼓噪不止，俄国人可能是由于厌倦了，也可能是仅出于常识，对恢复帝国的任何宏伟计划几乎都没有什么热情。他们赞成开放边界，开放贸易，人员自由流动以及俄语的特殊地位，但对政治一体化，特别是这个一体化牵涉到经济代价和流血牺牲时，并不热心。"联盟"的解体令人遗憾，恢复令人高兴。但公众对车臣战争的反应表明，任何超出运用经济影响或政治压力的政策均不会得到民众的支持。

总之，"近邻外国"优先的政策在地缘政治上最大的不足就是俄罗斯在政治上还不够强大，还无力把其意志强加于人；在经济上也无足够的吸引力来吸引新国家。俄罗斯的压力只会使它们更多地寻求与外部的联系，首先和最重要的就是与西方的联系，但有时也会寻求发展与中国和南部重要的伊斯兰国家的关系。当俄罗斯针对北约的扩大扬言要组建自己的军事集团时，它回避了"与谁"的问题,而且它还回避了更令人痛苦的回答:最多也只可能与白俄罗斯和塔吉克斯坦。

新独立国家,因为担心潜在的政治后果,对即使是最合理和急需的与俄罗斯实行经济一体化的形式也越来越不信任。与此同时,关于俄罗斯所称的欧亚使命和斯拉夫不可言传的性质的思想也只是进一步使俄罗斯远离欧洲和整个西方而孤立起来,加深后苏联时期的危机,并延缓俄罗斯社会按照基马尔·阿塔托克在奥斯曼帝国灭亡后在土耳其所做的那样实现亟待进行的现代化和西方化。因此,"近邻外国"政策没有给俄罗斯提供地缘政治的解决方法,相反只带来了一种地缘政治的幻想。

如果与美国共同统治行不通,"近邻外国"政策又不灵,那么俄罗斯还有什么地缘战略可选择呢?向西方一边倒的政策未能实现建立一个在全球与美国平起平坐的"民主俄国"的理想,这使民主派大为沮丧。"民主俄国"只成了一个口号,而与现实无缘。在不得不承认老帝国的"重新一体化"最多也仅是个遥远可能性的情况下,又使一些俄罗斯的地缘政治家玩弄起某种针对美国在欧亚大陆霸主地位的反联盟主张。

1996 年初,叶利钦总统解除了亲西方的外长科济列夫的职务,以更有经验但正统的前共产党国际问题专家,长期以来一直对伊朗和中国感兴趣的叶甫根尼·普里马科夫(Evgenniy Pri-makov)代之。一些俄罗斯评论家猜测,普里马科夫的倾向可能会促成一个以三个在削弱美国在欧亚大陆首要地位问题上有最大地缘政治利益的大国为核心的新"反霸"联盟。普里马科夫上台伊始的几次出访及讲话加深了这一印象。而且,现有的中国与伊朗的武器贸易关系及俄罗斯愿与伊朗合作加快其获得核能源的倾向与更紧密的政治对话和最终的结盟是完全符合的。这一结果至少在理论上可以把世界上最主要的斯拉夫大国、世界上最好战的伊斯兰大国及世界上人口最多力量最强的亚洲大国结合在一起,形成一个强有力的联盟。

要搞这种反联盟,首先必须恢复中俄双边关系,并利用两国政治精英对美国成为世界唯一超级大国的不满。1996年初,叶利钦去了北京,签署了一项宣言,明确批评了全球性"霸权主义"倾向。这也就暗示两国将联合起来反对美国;同年12月,中国总理李鹏回访,两国不仅重申反对"由一个大国主导的"国际体系,而且同意加强现有的关系。俄罗斯评论家们欢迎这一发展,并把这视为全球大国间相互关系的一个积极变化和对美国推动的北约扩大的恰当反应。有些人甚至高兴地说中俄联盟将对美国实施它应得的惩罚。

但是,只有在美国十分短视地同时对中国和伊朗采取敌视政策时,把俄罗斯与中国及伊朗结合在一起的联盟才能搞得起来。这样的结局当然不能排除。1995—1996年,美国的所作所为看来几乎就在贯彻要同时与德黑兰和北京敌对的思想。但伊朗和中国却都不准备把战略赌注下在既不稳定又虚弱的俄罗斯身上。两国都意识到这种联盟一旦超出了某种偶尔为之的策略协调,就会危及它们各自与较为先进的世界的关系,而只有这个先进世界才有能力向它们投资和提供它们所需要的先进技术。俄罗斯却没有什么可向它们提供,不能成为一个真正有价值的反霸联盟的伙伴。

实际上,并无共同的意识形态而仅是在"反霸"情绪下结成的任何联盟基本上将只是第三世界的一部分反对第一世界的最先进部分的联盟。它的各个成员都不会有多少收获,中国尤其有失掉大量外资流入的危险。正如一持批评态度的俄罗斯地缘政治学者指出的,对俄罗斯来说也是如此,"俄中联盟的幽灵……将大大增加俄罗斯再次被西方的技术和资金拒之于门外的可能性"[8]。不管它是由三国还是两国组成,这种联盟最终会使所有的参加者长期地孤立,共同落后。

另外,中国将在任何俄罗斯认真努力拼凑的这类"反霸"联盟中成为老大。中国人口众多,人民勤劳,勇于开拓,生气勃勃,对俄罗斯还有某些潜在的领土要求,将必然使俄罗斯沦为一个小伙计。而同时中国也缺乏手段(可能也缺乏真正的意愿)去帮助俄罗斯克服其落后状态。俄罗斯因此将成为不断扩大的欧洲和扩张主义的中国之间的缓冲区。

最后,俄罗斯一些外交问题专家仍然企盼欧洲一体化的停滞不前,包括西方内部对北约未来前景发生分歧,认为这也许至少最终会给俄罗斯创造一些策略性机会与德国或法国拉拉关系,来破坏欧洲与美国的跨大西洋联系。这种观点其实毫无新意。整个冷战时期,莫斯科都在过一段时间就试图打德国牌或法国牌。不过某些莫斯科的地缘政治学家也不无理由地认定,欧洲事务的停滞会提供可资利用的策略机会,而对美国造成不利。

但是能够得到的也就是这些了,最多也就是一些纯属策略上的机会而已。无论是法国还是德国都不可能放弃与美国的关系。虽然不能排除特别是俄罗斯有时在一些小问题上会拉拢法国,但只有欧洲事务中出现大的动乱,欧洲统一事业和跨大西洋联系的垮台,联盟在地缘政治上才会逆转。即使到了那个时候,欧洲国家也不会谋求与迷失了方向的俄罗斯发展真正全面的地缘政治联盟。

因此,说到底,没有一种反联盟政策是可行的选择。摆脱俄罗斯新的地缘政治困境的出路不在于反联盟,也不在于与美国建立平等的战略伙伴关系这种幻想,更不在于在苏联范围内建立某种政治经济上"一体化"体系。所有的政策都回避了对俄罗斯来说实际上唯一可行的选择。

一个抉择的两难困境

俄罗斯唯一真正的地缘战略选择,亦即能使其发挥符合实际的国际作用和能使俄罗斯得到改造自身和实现社会现代化的最佳机会的选择就是欧洲。这不是随随便便的一个欧洲,而是一个横跨大西洋的、扩大的欧盟和北约的欧洲。正如本书第三章已阐述的那样,这样一个欧洲正在形成,而且这个欧洲也可能仍然与美国紧密地联系在一起。如果俄罗斯要避免在地缘政治上被危险地孤立,这就是俄罗斯必须与之打交道的欧洲。

对美国来说,俄罗斯实在太虚弱了,不配成为伙伴;但如只是作为美国的病人,俄罗斯又太强壮了。如果美国不创造出一种环境使俄罗斯人相信与跨大西洋的欧洲结成越来越有机的联系是俄罗斯的最好选择,俄罗斯就更可能成为一个问题。虽然俄中、俄伊(朗)长期战略联盟尚不可能形成,但显然重要的是,美国的政策应避免使俄罗斯偏离其所需的地缘政治抉择。因此,美国在制定与中国和伊朗关系的政策时,应尽可能把它们对俄罗斯地缘政治分析的影响考虑在内。坚持庞大的地缘战略选择的幻想,只会延误俄罗斯为结束其深刻危机所必须作出的历史抉择。

俄罗斯只有愿意从经济和地缘政治上接受欧洲的新现实，它的国内才能从在横跨大陆的商业、通讯、投资、教育等广大领域的欧洲合作中获益。因此，俄罗斯加入欧洲委员会是方向十分正确的步骤。这是新俄国与正在扩大的欧洲间进一步建立机制性联系的尝试。这也意味着俄罗斯若要走这条路，除了最后仿效奥斯曼帝国以后的土耳其，决定放弃其帝国野心，决意走现代化、欧洲化和民主化的道路外，别无其他选择。

一个现代化、富有、民主的又与美国联系在一起的欧洲能给俄罗斯带来的实惠是任何其他选择都无法比拟的。如果俄罗斯是一个不搞扩张的、民族的、民主的国家，欧洲和美国对俄罗斯就不构成威胁；它们与俄罗斯之间也不存在不稳定的具有潜在冲突危险的边界，而俄罗斯与其以南的穆斯林国家却无论在种族上还是在领土上都界线不清，因而肯定有潜在冲突的危险。相反，对欧美来说，一个民族的和民主的俄罗斯正是它们地缘政治上所期望的实体，是动荡复杂的欧亚大陆稳定的一个源泉。

俄国因此面临着进退两难的处境。如果为了得到实惠，作倾向欧、美的抉择，那么首先就要明确、公开地抛弃俄罗斯帝国的过去；第二要对扩大的欧洲与美国政治和安全关系不表示异议。第一个要求意味着俄罗斯应接受在苏联范围内已形成气候的地缘政治多元性。接受这一点，并不是排斥以过去的欧洲自由贸易区模式进行的经济合作，但不能对新独立国家的政治主权进行限制。原因很简单：它们不愿意受这种限制。在这方面最重要的是俄罗斯明确地、毫不含糊地承认乌克兰的独立存在，承认乌克兰的边界和独特的民族特性。

第二个要求可能更难接受。不能把与跨大西洋共同体的真正合作关系建立在这样的观念之上，即仅仅因为俄罗斯不愿意就可以把那些想加入的欧洲民主国家排斥在跨大西洋共同体之外。这个共同体的扩大无需匆忙，当然也不应以反俄为主题来促其扩大。但这一扩大不能，也不应被一纸只能反映一种过时的欧洲安全关系概念的政治宣言阻挡不前。一个扩大和民主的欧洲必须是一个没有尽头的历史进程，不应受在政治上任意涂抹的地理的限制。

对许多俄罗斯人来说，这一个抉择的两难困境可能在开头并在一段时间内难以解决。这需要用政治意志采取一个大动作，可能还需要一个杰出的领袖有能力作出抉择，并表现出建立一个民主的、民族的、真正现代的、欧洲的俄国的远见。这可能在一段时间内还不会发生。克服共产主义和后帝国的困难不仅需要比后共产主义中欧的转变更长的时间，而且也需要一个有远见的、稳定的政治领导。目前，俄罗斯的基马尔·阿塔托克（Ataturk）尚未出现，但俄罗斯人最终将认识到俄罗斯民族的重新定位不是投降，而是得到了解放。[9] 他们必须承认叶利钦1990年在基辅关于俄罗斯将来不应成为一个帝国的讲话是完全切中要害的，而且一个真正非帝国的俄罗斯仍将是一个横跨欧亚大陆、迄今世界上领土面积最大的强大国家。

不管怎么说，对"什么是俄国和俄国在哪里"的问题重新作出回答可能只能分阶段进行，而且还需要西方作出明智和坚决的姿态。美国和欧洲必须提供帮助。他们不仅应让俄罗斯与北约签订一个特殊的条约或宪章，而且也应着手与俄罗斯一起探索建立一个远远超过松散的欧洲安全和合作组织（OSCE）的最终横跨大陆的安全和合作体系。如果俄罗斯国内民主体制得到巩固，并且以自由市场为基础的经济发展取得实质性进展，就不应排除俄罗斯与北约和欧盟发展更紧密关系的可能性。

　　与此同时,同样重要的是西方特别是美国应实行使俄罗斯的这一个抉择的两难困境一直持续下去的政策。后苏联的新国家保持政治经济稳定,是使俄罗斯有必要进行历史性自我重新定位的重要因素。因此,支持后苏联的新国家,在苏联地区内实现地缘政治的多元化,必须是吸引俄罗斯毫不含糊地作出欧洲抉择的政策不可或缺的一部分。在这些国家中,阿塞拜疆、乌兹别克斯坦、乌克兰在地缘政治上尤其重要。

　　独立的阿塞拜疆可以成为西方进入能源丰富的里海盆地和中亚地区的通道。相反,阿塞拜疆被征服就意味着中亚将可能与外部世界隔绝,阿塞拜疆也就在政治上易受制于俄罗斯要求重新实现一体化的压力。从民族的角度看,乌兹别克斯坦是人口最多、最有活力的中亚国家,也是俄罗斯重新控制该地区的主要障碍。乌兹别克斯坦的独立对中亚其他国家的生存至关重要。乌兹别克斯坦也最不易受制于俄罗斯的压力。

　　但最重要的是乌克兰。随着欧盟和北约扩大,乌克兰最终将有资格选择它是否愿意加入这两个组织。乌克兰为加强其独立地位,一旦这两个组织与其边界接壤而其内部变革又使它开始达到加入的标准,很可能乌克兰会愿意加入这两个组织。虽然这还要一段时间,但西方在进一步加强与基辅的经济和安全联系的同时,现在就开始把2005—2015年定为乌克兰逐步加入两组织的合理的时间表,以减少它担心欧洲扩人会在波乌边界上止步的担忧,为时已并不太早了。

　　俄罗斯尽管抗议北约扩大,但可能到1999年会默认北约吸收几个中欧国家,因为俄罗斯与中欧的文化和社会差距在共产主义垮台以来已扩大了许多。倒是俄罗斯要默认乌克兰加入北约会困难得多,因为这样做,就意味着承认乌克兰的命运不再与俄罗斯的命运有机地联系在一起。但乌克兰要以独立的国家生存,就必须成为中欧而不是欧亚的一部分;如果乌克兰要成为中欧的一部分,那么它就必须充分参与中欧与北约和欧盟的联系。俄罗斯接受了这些联系将说明俄罗斯自身也决定真正成为欧洲的一部分。俄罗斯拒绝这样做,就等于拒绝欧洲而要保持自己孤零零的"欧亚"身份和存在。

必须记住的关键问题是:若乌克兰不属欧洲,俄罗斯就不能属于欧洲,但若俄罗斯不属于欧洲,乌克兰却仍可属于欧洲。假如俄罗斯决定把赌注押在欧洲,那么乌克兰被纳入扩大的欧洲体系最终将符合俄罗斯自身的利益。的确,乌克兰与欧洲的关系可以成为俄罗斯自身发展的转折点。但这也意味着确定俄罗斯与欧洲的关系还需要一段时间,因为乌克兰决定倒向欧洲将使俄罗斯在对它下一阶段历史作出决策时陷入危机——或者也成为欧洲的一部分,或者成为欧亚的一个弃儿,既不真正属于欧洲,又不真正属于亚洲,在同它的"近邻外国"的冲突中一筹莫展。

人们希望,扩大的欧洲和俄罗斯之间的合作关系会从正式的双边关系发展到更有机的和更有凝聚力的经济、政治、安全联系。在这种情况下,在21世纪的头二十年中,俄罗斯会逐步成为包括乌克兰并延伸到乌拉尔山脉甚至更远地区的欧洲不可分割的一部分。俄罗斯与欧洲和跨大西洋体系发生联系,甚或形成某种形式的成员关系,又将为迫切希望发展与欧洲关系的三个高加索国家——格鲁吉亚、亚美尼亚和阿塞拜疆敞开大门。

无法预料这个进程会有多快,但有一点是肯定的,即如果推动俄罗斯走这一方向的地缘政治环境已经形成,同时排除了其他诱惑,那么这个进程会发展得更快。俄罗斯同欧洲靠拢的速

度越快,欧亚大陆的黑洞就会越早由一个越来越现代化和民主
的社会填补。实际上,对俄罗斯来说,这一个抉择的两难困境已
不再是作出地缘政治抉择的问题,而是面对自己继续生存的必
要条件的问题。

注　释

1. 载于"Our Security Predicament," Foreign Policy 88(Fall 1992):60。

2. Aleksandr Prokhanov: "Tragedy of Centralism," *Literaturnaya Rossiya*, January 1990, pp.4—5.

3. 该专访参见 *Rossiyskaya Gazeta*, January 12, 1992。

4. 载于 A. Bogaturov and V. Kremenyuk: "The Americans Themselves Will Never Stop," *Nezavisimaya Gazeta*, June 28, 1996。两名作者均为美国和加拿大研究所的资深学者。

5. 例如,连叶利钦的首席顾问德米特里·留里科夫(Dmitryi Ryurikov)都把乌克兰视为一种"临时现象"。报道参见 *Interfax*(November 20, 1996)。"在可预见的未来,俄罗斯可能在乌克兰东部遇到一个十分难以解决的问题。民众的普遍不满……将导致提出由俄罗斯来接管该地区的请求甚至要求。在莫斯科有不少人会支持这种计划。"报道参见莫斯科的 *Obshchaya Gazeta*(December 10, 1996)。俄罗斯对克里米亚和塞瓦斯托波尔的领土要求,以及1996 年末俄罗斯公共电视台在晚间天气预报节目中故意把塞瓦斯托波尔列为俄罗斯城市的那种挑衅性做法,当然无助于减少西方对俄罗斯意图的担忧。

6. N.S.Trubetzkoy, "The Legacy of Genghis Khan," *Cross Currents* 9 (1990):68.

7. *L'Espresso*(Rome)中的专访,1994 年 7 月 15 日。

8. Aleksei Bogaturov, "Current Relations and Prospects for Interaction Between Russia and the United States," *Nezavisimaya Gazeta*, June 28, 1996.

9. 1996 年初,亚历山大·列别德(Aleksandr Lebed)将军发表了一篇出色的文章,对此作了详尽的阐述。参见"The Fading of Empire or the Rebirth of Russia," *Segodnya*, April 26, 1996。

第五章　欧亚大陆的巴尔干

在欧洲,"巴尔干"这个词使人联想到种族冲突和大国的地区性争夺。欧亚大陆也有它的"巴尔干",但欧亚大陆的"巴尔干"面积更大,人口更多,在宗教和种族上的差异也更大。它位于第二章所描述的那个标出全球主要不稳定地区的长方形地理区域之内,包括东南欧的一部分、中亚、南亚的一部分、波斯湾地区和中东。

欧亚大陆的巴尔干构成了这个巨大的长方形区域的内核,而且它在一个独特的方面有别于其外围区域:这是一个力量真空地带。在波斯湾和中东地区,虽然大多数国家也不稳定,但美国的力量是那个地区的最后裁决者。所以,这个不稳定地区的外围区域是一个单一的大国霸权地区,并受这个霸权的调节。相比之下,欧亚大陆的巴尔干国家的确令人想起那些更加古老而熟悉的东南欧的巴尔干国家:它们不仅政体不稳定,而且还吸引和诱使较强大的邻国的入侵,而入侵的每个大国又都决心反对任何一个其他大国主宰这个地区。正是这样一个我们并不陌生的力量真空和对外界力量的吸引的结合才使它们名正言顺地有了"欧亚大陆的巴尔干"的称号。

传统的巴尔干代表争夺欧洲主导权的斗争中的一个潜在的地缘政治目标。欧亚大陆的巴尔干在地缘政治上也是重要的，因为它们将控制一个必将出现的旨在更直接地联结欧亚大陆东西最富裕最勤劳的两端的运输网。从安全和历史野心的角度来看，它至少对三个与它直接接壤的较强大的邻国俄罗斯、土耳其和伊朗有重要意义。中国对这一地区也表现出越来越大的政治兴趣。然而，作为一个潜在的经济目标，欧亚大陆的巴尔干的重要性更加无法估量：本地区集中了巨大的天然气和石油储藏以及包括黄金在内的重要矿产资源。

世界能源消费在未来 20 年或 30 年内必然会急剧增加。据美国能源部估计，从 1993 年到 2015 年世界能源需求将增加 50% 以上，而消费增长最大的将是远东。亚洲经济增长的势头已经产生巨大压力，促进了新的能源产地的勘探和开发。中亚地区和里海盆地被认为蕴藏着大大超过科威特、墨西哥湾或北海的天然气和石油储量。

得到其资源并分享其潜在的财富成了各方寻求的目标，这个目标激起了民族的野心，引发了集团的兴趣，重新挑起历史上关于归属的争端，唤起了帝国的理想，同时也激化了国际的争夺。由于这个地区不仅是一个力量真空而且内部也不稳定，局势就变得愈加变化无常。每　个国家都有严重的内部困难。所有国家的边境不是与邻国有主权争议，就是存在着种族仇恨，单一民族的国家极少，有些国家甚至已经陷于领土、种族或者宗教等的暴力冲突之中。

种族的大熔炉

欧亚大陆的巴尔干包括9个以某种方式符合上述描述的国家,另外还有两个国家被视为潜在的候补成员。这9个国家是哈萨克斯坦、吉尔吉斯斯坦、塔吉克斯坦、乌兹别克斯坦、土库曼斯坦、阿塞拜疆、亚美尼亚和格鲁吉亚——它们都曾是已垮台的苏联的一部分——还有阿富汗。可能加入这一行列的还有土耳其和伊朗。它们在政治和经济上都更有活力,也都在欧亚大陆的巴尔干范围内积极争取地区影响,所以两者都是本地区重要的地缘战略棋手。同时,两国都很容易受到内部种族冲突的打击。如果它们中的一个或者两个同时出现动荡,本地区的内部问题就将变得无法控制,任何抑制俄罗斯对该地区控制的努力甚至都可能变得徒劳无功。

高加索的3个国家亚美尼亚、格鲁吉亚和阿塞拜疆可以说是建立在真正具有历史性的民族基础之上的。所以它们的民族主义往往广泛而强烈,而外部冲突成了它们面临的主要挑战。相比之下,5个新的中亚国家可以说是在更大程度上处于国家建设阶段,仍有很强的部落和种族意识,所以内部纠纷成为它们的主要问题。在两种类型的国家中,这些问题已经开始被它们的更强大的、有帝国意识的邻国所利用。

欧亚大陆的巴尔干就像一个由不同种族组成的镶嵌画(见表5.1和图5.1)。其中各国的边界都是在20世纪20和30年代各苏联加盟共和国正式成立时由苏联的地图绘制员们主观划定

表 5.1 欧亚大陆的巴尔干的人口统计数据

	阿富汗	亚美尼亚	阿塞拜疆	格鲁吉亚	哈萨克斯坦	吉尔吉斯斯坦	塔吉克斯坦	土库曼斯坦	乌兹别克斯坦
人口(百万,1995年)	21.3	3.6	7.8	5.7	17.4	4.8	6.2	4.1	23.1
预期寿命	45.4	72.4	71.1	73.1	68.3	68.1	69.0	65.4	68.8
种族划分(1995年估计数)	普什图38% 塔吉克斯坦25% 哈扎拉19% 乌兹别克斯坦6%	亚美尼亚93% 阿塞拜疆3% 俄罗斯2% 其他2%	阿塞拜疆90% 达吉斯坦3.2% 俄罗斯2.5% 亚美尼亚2.3% 其他2%	格鲁吉亚70.1% 亚美尼亚8.1% 俄罗斯6.3% 阿塞拜疆5.7% 奥塞梯3% 阿布哈兹1.8% 其他5%	哈萨克41.9% 俄罗斯37% 乌克兰5.2% 日耳曼4.7% 乌兹别克兹2.1% 鞑靼2% 其他7%	吉尔吉斯52.4% 俄罗斯21.5% 乌兹别克12.9% 乌克兰2.5% 日耳曼2.4% 其他8.3%	塔吉克64.9% 乌兹别克25% 俄罗斯3.5% 其他6.6%	土库曼73.3% 俄罗斯9.8% 乌兹别克9% 哈萨克2% 其他5.9%	乌兹别克71.4% 俄罗斯8.3% 塔吉克4.7% 哈萨克4.1% 鞑靼2.4% 卡拉卡尔帕克2.1% 其他7%
国内生产总值(10亿美元)*	无数据	8.1	13.8	6.0	55.2	8.4	8.5	13.1	54.5
主要出口产品	小麦 牲畜 水果 地毯 羊毛 宝石	黄金 铝 运输设备 电力设备	石油 天然气 化学产品 油田设备 纺织品 棉花	柑橘 茶叶 葡萄酒 机械 黑色金属	石油 黑色金属 色金属 化学物 合成羊毛 肉类 煤	羊毛 化学品 棉花 黑色及有 色金属 鞋类 机械 烟草	棉花 铝 水果 植物油 纺织品	天然气 棉花** 石油产品** 电力 纺织品 地毯	棉花 黄金 天然气 化肥 黑色金属 纺织品 食品

* 购买力平价:1994年摘自世界银行对1992年的估计。
** 土库曼斯坦是世界第十大棉花生产国,它的天然气储量居世界第五位,其石油储量也很丰富。

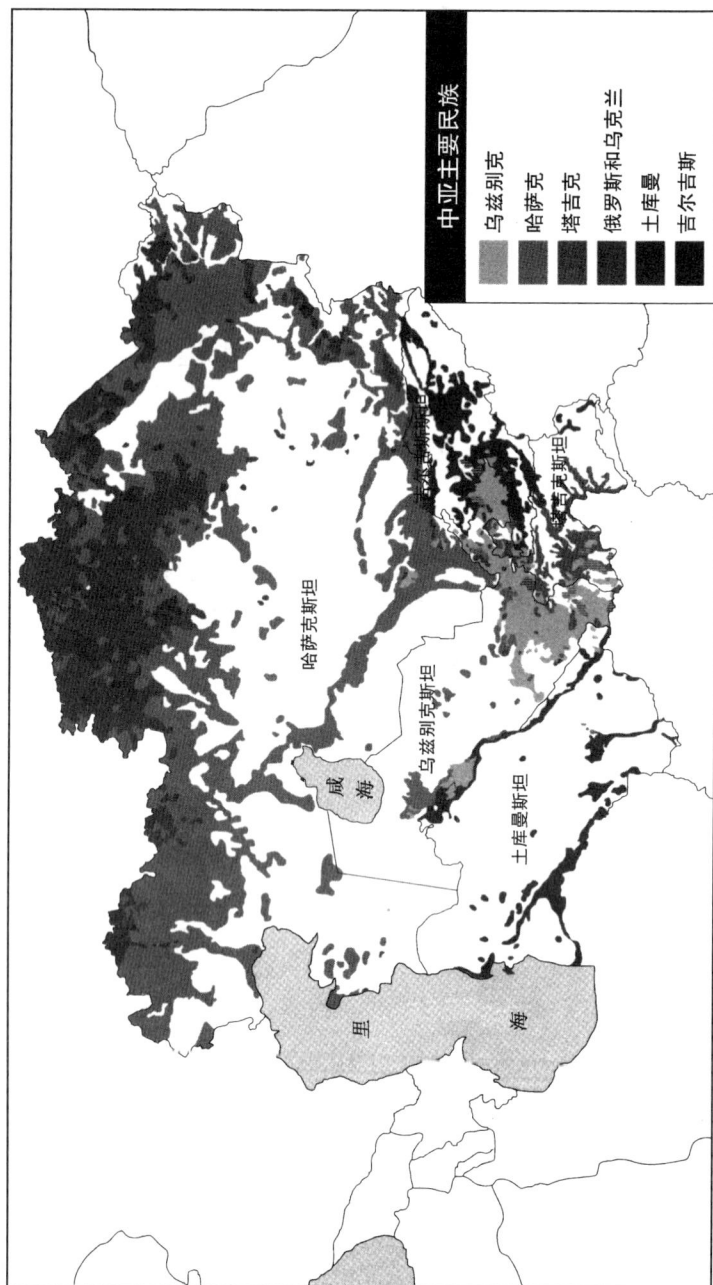

图 5.1

中亚主要民族

乌兹别克
哈萨克
塔吉克
俄罗斯和乌克兰
土库曼
吉尔吉斯

哈萨克斯坦

乌兹别克斯坦

土库曼斯坦

咸海

里海

的(阿富汗由于从来就不是苏联的一部分,所以是一个例外)。它们的边界主要是以种族为标准划定的,但同时也反映了克里姆林宫的一个意图,那就是保持俄罗斯帝国南部地区内部的分裂以使其更加俯首帖耳。

所以,莫斯科拒绝了中亚民族主义者建议的把中亚各个民族(其中大多尚无强烈的民族主义意识)合并成一个单一的政治单位——称为"土耳其斯坦"——的方案,而宁愿建立5个单独的"共和国"。它们都有自己的新的名称和犬牙交错的边界。可能是出于同样的意图,克里姆林宫放弃了建立单一的高加索联邦的计划。所以,在苏联瓦解以后,无论是3个高加索国家还是5个中亚国家对它们的新独立地位和必要的地区合作都没有充分的准备,也就并不奇怪了。

在高加索地区,人口不到400万的亚美尼亚和有800多万人口的阿塞拜疆很快就陷入一场关于纳戈尔诺—卡拉巴赫地位的公开战争。纳戈尔诺—卡拉巴赫地区在阿塞拜疆境内,但大部分人口是亚美尼亚人。冲突引起了大规模的种族清洗,成千上万的难民和被驱逐的居民双向逃亡。鉴于亚美尼亚信奉基督教,而阿塞拜疆是穆斯林国家,这场战争还带有宗教冲突的色彩。战争对经济的破坏使两个国家更难巩固自身的稳定和独立。亚美尼亚被迫更加依赖向它提供大量军事援助的俄罗斯,而阿塞拜疆取得的独立地位和内部稳定则因失去了纳戈尔诺—卡拉巴赫而大受损害。

阿塞拜疆的脆弱性对本地区有更为广泛的影响,因为这个国家的位置使它成为地缘政治的支轴。它可以被形容为一个至关重要的"软木塞",控制着进入一个装着里海盆地和中亚的富饶资源的"瓶子"的通道。油气管道从这里通向在种族上与它关系密切,在政治上支持它的土耳其。独立的、讲突厥语的阿塞拜疆使俄罗斯不能独霸进入该地区的通道,这样也就剥夺了俄罗斯对中亚国家政策的决定性的政治影响力。但是阿塞拜疆极易受到来自北方强大的俄罗斯和南方伊朗的压力。在伊朗西北部生活着人数两倍于阿本土的阿塞拜疆人——有人估算为2千万。这一现实使伊朗担心它的阿塞拜疆人中间的潜在分离主义倾向,于是就对阿塞拜疆的主权地位抱有矛盾的心态,虽然两国都信奉伊斯兰教。结果是,阿塞拜疆同时受到俄罗斯和伊朗的压力,限制其与西方的交往。

与亚美尼亚和阿塞拜疆种族非常单一的情况不同的是,格鲁吉亚600万人口中约有30%是少数民族。而且,这些小的群体在组织和特性上还有相当程度的部落特点,而且一直对格鲁吉亚人的统治非常反感。因此在苏联解体时,奥塞梯人和阿布哈兹人就借格鲁吉亚内部政治争斗之机试图分离出去。俄罗斯对此暗中支持,以便压格鲁吉亚向俄罗斯让步而留在独联体之内(格鲁吉亚起初曾想完全摆脱独联体),并且使格鲁吉亚同意俄罗斯在其土地上保持军事基地以阻止土耳其向该地区的渗透。

在中亚,内部因素一直是引起局势不稳定的更重要原因。从文化和语言上看,5个新独立的中亚国家中有4个是突厥语世界的一部分。塔吉克斯坦在语言和文化上属于波斯语系,而阿富汗是帕坦、塔吉克斯坦、普什图以及波斯等种族的大杂烩。这6个都是穆斯林国家。多年来,它们中的多数都处于波斯帝国、土耳其帝国以及俄罗斯帝国的轮番影响之下。但这种经历并没有在它们之中培育起一种关于共同地区利益的意识。相反,它们不同的种族构成却使它们很容易受到内外冲突的打击。

这些冲突积累起来又往往吸引更为强大的邻国的入侵。

在 5 个新独立的中亚国家中,哈萨克斯坦和乌兹别克斯坦是最重要的两个。哈萨克斯坦是本地区的屏障,而乌兹别克斯坦是本地区多样化的民族觉醒的灵魂。哈萨克斯坦的面积和地理位置保护了其他国家免于直接受到俄罗斯的实际压力,因为只有哈萨克斯坦与俄罗斯接壤。然而,在它的 1 800 万人口中有约 35% 的俄罗斯人(全地区的俄罗斯人口都在逐渐下降),另外还有 20% 也是非哈萨克人。这种情况就使新的哈萨克族统治者更难以在民族和语言的基础上实现国家建设的目标。这些统治者自己变得越来越民族主义,但他们却只代表了全国大约一半的人口。

在这个新国家居住的俄罗斯人自然对哈萨克领导充满忿恨,他们作为过去的殖民统治阶级受过较好的教育,地位比较优越,所以害怕失去特权。而且,他们往往以几乎不加掩饰的文化上的鄙视看待新的哈萨克民族主义。哈萨克东北和西北地区都居住着大量的俄罗斯移民,如果哈俄关系严重恶化,哈萨克就会面临领土被支解的危险。同时,有几十万的哈萨克人居住在哈俄边界的俄罗斯一侧和乌兹别克斯坦的东北部,而哈萨克认为乌兹别克斯坦是与他们争夺中亚领导地位的主要对手。

实际上,乌兹别克斯坦是担当中亚地区领导的首选国家。虽然在面积上和自然资源上都逊于哈萨克斯坦,但它有更多人口(将近 2 500 万),而且更重要的是其人口构成远比哈萨克斯坦单一。由于本土人口的出生率更高,而且曾经占主导地位的俄罗斯人逐渐迁离,不久其人口的 75% 将是乌兹别克人,而只有为数不多的俄罗斯人作为少数民族留下来,主要居住在首都塔什干。

另外,这个国家的政治精英有意将乌兹别克斯坦这个新国家说成是中世纪庞大的帖木儿帝国(1336—1404 年)的直接继承国。曾是帖木儿帝国首都的撒马尔罕成了本地区著名的宗教、天文学和艺术的研究中心。这一联系给现代的乌兹别克斯坦注入了比其邻国更深的历史继承感和地区使命感。一些乌兹别克领导人的确认为乌兹别克斯坦是一个单一的中亚实体的国家核心,并认为塔什干应成为这一实体的首都。乌兹别克斯坦的政治精英和乌兹别克斯坦的人民已经越来越具备了现代民族国家的主观素质,并决心不论国内有什么样的困难都永远不再回到殖民地状态。他们的这种意识比任何其他中亚国家都更加强烈。

这种情况使乌兹别克斯坦成为培育一种后种族的(post-ethnic)现代民族主义的领袖,同时也使其邻国对其感到某种不安。虽然,乌兹别克斯坦的领导人在国家建设和主张促进地区自给自足方面起了带头作用,但这个国家相对更大的民族同一性和更强烈的民族意识使与其相邻的土库曼斯坦、吉尔吉斯斯坦、塔吉克斯坦甚至哈萨克斯坦的统治者担心乌兹别克的地区领导地位会演变为对地区的统治。这种担心制约了新的主权国家之间地区合作的发展——俄罗斯本来就不鼓励这种合作——也使这个地区的脆弱性永久化。

然而,与其他国家一样,乌兹别克斯坦也不是完全没有种族矛盾。乌兹别克斯坦南方的部分地区,特别是重要的历史文化中心撒马尔罕和布哈拉周围地带,居住着大量的塔吉克人。他们对莫斯科划定的边界仍然十分不满。使事情更为复杂的是,在塔吉克斯坦西部有乌兹别克人,在吉尔吉斯斯坦的经济重地费尔干纳谷地(这里近些年来已经发生了流血的种族冲突)有乌兹别克人和塔吉克人,更不必说在阿富汗北部还居住着乌兹别克人。

从俄罗斯的殖民统治下崛起的其他三个中亚国家吉尔吉斯斯坦、塔吉克斯坦和土库曼斯坦中,只有土库曼斯坦在种族上是比较有凝聚力的。土库曼斯坦 450 万人口中大约有 75% 是土库曼人,乌兹别克人和俄罗斯人各占不到 10%。土库曼斯坦受天然屏障保护的地理位置使它离俄罗斯相对遥远,而乌兹别克斯坦和伊朗却在地缘政治上与这个国家的未来有更大的关系。一旦通向这个地区的管道建设起来,土库曼斯坦真正巨大的天然气蕴藏就会给这个国家的人民展现出一个繁荣的未来。

吉尔吉斯斯坦的 500 万人口则复杂得多。吉尔吉斯人占总人口约 55%,乌兹别克人大约占 13%,俄罗斯人最近从 20% 以上降至略高于 15%。独立前,俄罗斯人是该国工程技术人员等知识阶层的主要部分,他们的离去给这个国家的经济造成了损害。虽然吉尔吉斯斯坦富于矿产资源,而且因有美丽的自然风光使一些人把这个国家称为中亚的瑞士(从而成为一个潜在的新的旅游胜地),但它夹在中国和哈萨克斯坦中间的地理位置,使它的独立地位严重地取决于哈萨克斯坦成功地保持自身独立的程度。

塔吉克斯坦在种族上仅比吉尔吉斯斯坦略为单一。在其 650 万人口中,塔吉克人不到三分之二,占 25% 多一些的是乌兹别克人(塔吉克人对他们有一些敌意),仍留在塔吉克斯坦的俄罗斯人只占大约 3%。然而,像其他地方一样,即使是占主导地位的种族群体也以部落为单位相互尖锐对立,甚至发生暴力冲突,现代的民族主义在很大程度上只存在于城市里的政治精英之中。结果是,独立不仅带来了国内的争斗,而且给俄罗斯继续在这个国家驻扎军队提供了一个方便的借口。由于大量塔吉克人居住在边界另一侧的阿富汗东北部,塔吉克斯坦的种族形势就更加复杂。实际上,在阿富汗的塔吉克族人几乎与在塔吉克斯坦的塔吉克族人一样多,这是破坏地区稳定的又一个因素。

阿富汗虽然不是苏联的加盟共和国,但其目前的混乱状况同样是苏联遗留下来的。由于苏联的占领和长时间的抗苏游击战争使阿富汗四分五裂,其普什图人、塔吉克人和哈扎拉人之间的分歧越来越大。同时,反对俄罗斯占领者的圣战已使宗教成为这个国家政治生活的主导方面,在本已非常尖锐的政治分歧中又注入了教义的狂热。所以,阿富汗不仅必须被看作是中亚种族难题的一部分,而且在政治上更完全是欧亚大陆巴尔干的一部分。

虽然原苏联的中亚共和国以及阿塞拜疆的人口主要都是穆斯林,它们的政治精英大多仍然是苏联时期的产物,而他们的世界观几乎都是非宗教的。这些国家在形式上也都是世俗的。然而,随着他们的人口从主要站在传统的宗族和部落立场上转而表现出更加现代的民族自觉,他们的伊斯兰意识可能会不断加强。实际上,伊斯兰的复兴已经不仅得到伊朗而且得到沙特阿拉伯的外部支持,很可能成为不断蔓延的各种新民族主义的推动力量,并决心反对俄罗斯控制下的(因而也是异教徒控制下的)任何形式的重新一体化。

诚然,伊斯兰化的进程也可能会传染给俄罗斯境内的穆斯林。他们大约有2 000万人,比留在独立的中亚国家受外国人统治而没被感染的俄罗斯人(大约950万)多一倍以上。这样,俄罗斯境内的穆斯林约占到俄罗斯人口的13%。他们几乎不可避免地将在要求维护自己独特宗教和政治特性的权利方面变

得更加咄咄逼人。即使这种要求不像车臣那样以要求实现完全
独立的方式表达出来,它也将加重俄罗斯由于最近一次帝国式
的卷入和在新独立国家中俄罗斯少数民族的存在而在中亚面临
的困境。

　　使欧亚大陆的巴尔干更加不稳定并使局势更具有潜在爆炸
性的一个事实是:历史上都在本地区有帝国、文化、宗教和经济
利益的两个相邻的主要民族国家,土耳其和伊朗,本身在地缘政
治取向上就变化无常而且内部也蕴含着脆弱性。如果这两个国
家出现不稳定,很可能整个地区就会陷入巨大的混乱,使正在发
生的种族和领土冲突失去控制,本来就十分脆弱的地区平衡将
被严重破坏。所以,土耳其和伊朗不仅是重要的地缘战略棋手,
而且是地缘政治的支轴国家。它们本身的国内局势对本地区的
命运有关键的重要性。两者都是中等大小的强国,都有着强烈
的地区意图和历史自豪感。然而这两个国家未来的地缘政治取
向甚至其民族的凝聚力都仍然是不确定的。

　　土耳其,作为一个后帝国的国家仍处于重新界定其身份的
过程之中。它受到来自三个方向的牵引力:现代主义者希望它
成为一个欧洲国家而倾向西方;伊斯兰主义者向中东和穆斯林
大家庭倾斜而重视南方;抱有历史观点的民族主义者则认为,处
于地区主导地位的土耳其在里海盆地和中亚的各突厥民族中具
有新的使命,从而着眼于东方。三种观点中每一个都设定了不
同的战略轴心。自基马尔主义革命以来,它们之间的冲突第一
次使土耳其的地区作用有了一定程度的不确定性。

　　而且,土耳其本身也可能至少在一定程度上成为地区民族
冲突的牺牲品。尽管其大约 6 500 万人口中绝大多数是土耳其
人,其中约 80% 属突厥语系(也包括切尔卡西亚人、阿尔巴尼亚

人、波斯尼亚人、保加利亚人和阿拉伯人等不同人种),然而多达
20%或许更多的是库尔德人。集中在土耳其东部地区的土耳其
库尔德人已越来越多地被卷入由伊拉克和伊朗的库尔德人发动
的争取民族独立的斗争。土耳其内部发生的任何涉及这个国家
总体方向的紧张局势都无疑会鼓励库尔德人采取更激烈的行动
以寻求独立的民族地位。

伊朗的未来取向更是问题很多。20世纪70年代后期取得
胜利的原教旨主义的什叶派革命可能正进入其"热月"阶段,这
使伊朗的地缘战略作用更加不确定。一方面,无神论苏联的崩
溃为伊朗北方新独立的邻国改变宗教信仰打开了大门。另一方
面,伊朗对美国的敌视使德黑兰采取至少在策略上亲莫斯科的
态度。由于伊朗担心阿塞拜疆新取得的独立会对其内聚力产生
影响,这种态度更加坚定。

这种担心来自伊朗面对种族矛盾时的脆弱性。这个国家
6 500万人口(与土耳其人口数量相似)中,只有略高于一半的人
是波斯人。大约四分之一是阿塞拜疆人,其余的人口包括库尔
德人、俾路支人、土库曼人、阿拉伯人和其他部族。除了库尔德
人和阿塞拜疆人以外,其他的种族都没有能力威胁伊朗的国家
完整,特别是由于在波斯人中存在着很强烈的民族、甚至帝国的
意识。然而,这种情况会很快发生变化,特别是一旦伊朗政治中
发生新的政治危机,就更加如此。

而且,有两个事实对伊朗的库尔德人以及所有其他少数民
族发生感染的作用,一是目前本地区已存在着几个新独立的"斯
坦",二是连100万车臣人也能够追求自己的政治理想了。如果
阿塞拜疆成功地保持政治稳定和经济发展,伊朗的阿塞拜疆人
很可能愈发坚定地忠于建立一个更大的阿塞拜疆的理想。这样

德黑兰政治的不稳定和分裂状态可能会升级为对伊朗这个国家的内聚力的挑战,那么欧亚大陆的巴尔干所涉及的范围及利益就会极大地扩大。

多 重 竞 赛

传统的欧洲巴尔干牵涉到奥斯曼帝国、奥匈帝国以及俄罗斯帝国三者间面对面的争夺。还有三个间接的参与者,它们担心其在欧洲的利益会因某一个主角的胜利而受到负面的影响。德国惧怕俄罗斯的强大,法国反对奥匈帝国,英国则更希望由一个逐渐衰弱的奥斯曼帝国控制达达尼尔海峡,而不愿看到其他两个主要竞争者中的任何一个控制巴尔干。在整个 19 世纪,这些大国成功地遏制了巴尔干的冲突且并未损害任何一方的根本利益。但到 1914 年,它们却没能做到这一点,从而给所有各方都带来了灾难性的后果。

今天在欧亚大陆的巴尔干展开直接争夺的同样有三个相邻大国:俄罗斯、土耳其和伊朗,尽管中国最终也可能成为一个主要角色。比较远距离地参与竞争的还有乌克兰、巴基斯坦、印度以及遥远的美国。三个主要的最直接的竞争者不仅都受到未来地缘政治和经济利益的驱使,而且也都受到很强的历史推动力的驱使。它们中的每一个都曾在某个时期是本地区政治或文化上的主导国家。每一个都以怀疑目光看待其他几个。虽然它们之间发生迎头相撞的战争的可能性不大,但它们在外部争斗的影响积累起来会给本地区造成混乱。

俄罗斯人对土耳其人的敌视态度近乎过分。俄罗斯的媒体将土耳其人描述成一心想控制这个地区并煽动当地力量反对俄罗斯(车臣事例在一定程度上可以证明)的阴谋家,并认为土耳其对俄罗斯的整体安全造成了与土耳其实际能力完全不成比例的巨大威胁。土耳其人则针锋相对,认为自己担当的是解放者的角色,目的是把教友们从俄罗斯的长期压迫下解放出来。土耳其人和伊朗人(波斯人)历史上就是这一地区的竞争者,这种竞争近年来又重新抬头,土耳其树立了一种现代的和世俗的形象,以取代伊朗观念下的伊斯兰社会。

虽然可以说这三者至少都在谋求自己的势力范围,俄罗斯的情况则是:莫斯科的野心涵盖的范围要大得多,因为人们对其帝国统治相对来说还记忆犹新,在这个地区还有几百万俄罗斯人,而且克里姆林宫也渴望使俄罗斯重新成为一个主要的全球大国。莫斯科的对外政策声明已经表明,它将整个原苏联空间看作克里姆林宫有特殊地缘战略利益的区域,并且认为应当把任何外来的政治的甚至是经济的影响排除出这一地区。

相比之下,虽然土耳其获得地区影响的愿望带有一些尽管是更加陈旧的、过去的帝国的影子(奥斯曼帝国的巅峰是在1590年征服高加索和阿塞拜疆的时候,虽然当时其版图并不包括中亚),这种愿望似更深地植根于与本地区的突厥语民族在种族和语言上的认同感(见图5.2)。鉴于土耳其的政治和军事力量更为有限,建立一个排他性的政治势力范围是根本不可能的。因此,土耳其把自己看作是一个松散的突厥语大家庭的潜在领袖。为此,它利用其令人羡慕的相对现代化水平、语言上的接近以及它的经济手段,力图在目前这一地区的国家建设过程中把自己确立为最有影响的力量。

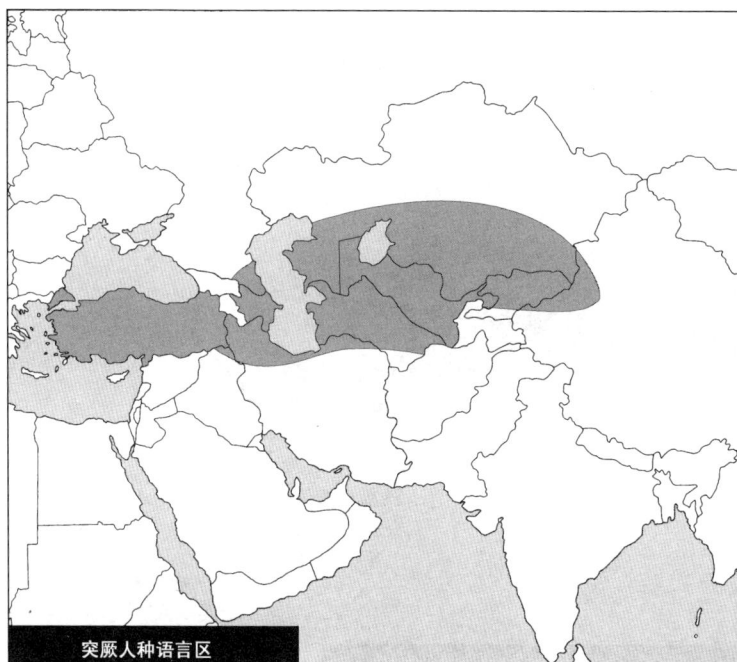

突厥人种语言区

图 5.2

　　伊朗的意图就更加含糊,但从长远看对俄罗斯的野心同样构成威胁。波斯帝国是一个更加遥远的记忆。在大约公元前500 年的鼎盛时期,它的领土曾包括现在的土库曼斯坦、乌兹别克斯坦和塔吉克斯坦等三个高加索国家以及阿富汗、土耳其、伊拉克、叙利亚、黎巴嫩和以色列。虽然,伊朗目前的地缘政治抱负没有土耳其那样大,主要着眼于阿塞拜疆和阿富汗,但本地区的整个穆斯林人口,甚至包括在俄罗斯境内的穆斯林人口,都是伊朗宗教利益的目标。确实,中亚伊斯兰的复兴已经变成伊朗当前统治者的野心的一个有机组成部分。

　　俄罗斯、土耳其和伊朗相互竞争的利益在图 5.3 上得到了说明:俄罗斯的地缘政治扩张用两个向南直指阿塞拜疆和哈萨

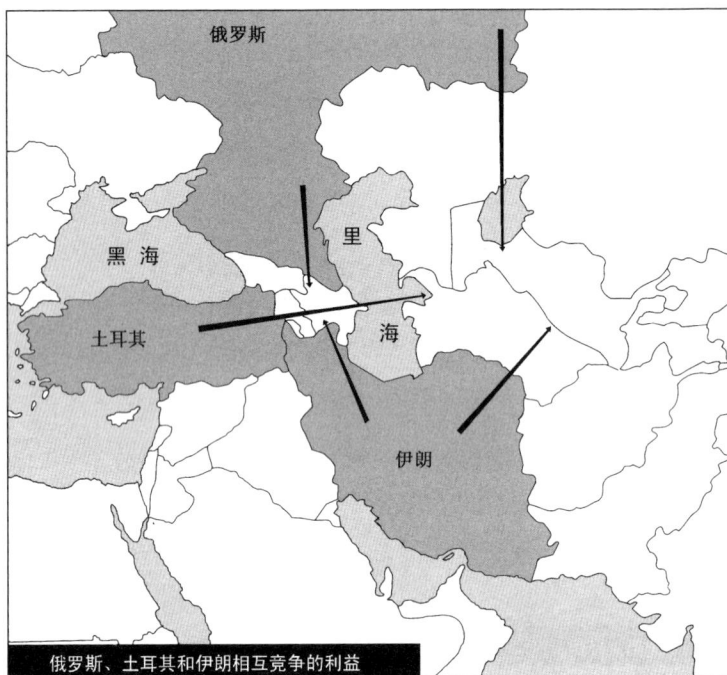

俄罗斯

黑海

土耳其

里

海

伊朗

俄罗斯、土耳其和伊朗相互竞争的利益

图 5.3

克斯坦的箭头表示；土耳其是一个向东穿过阿塞拜疆和里海指向中亚的箭头；伊朗则是两个箭头，一个向北指向阿塞拜疆，另一个向东北指向土库曼斯坦、阿富汗和塔吉克斯坦。这些箭头不仅相互交叉，而且可能相互碰撞。

目前，中国的作用比较有限，它的目标也不那么明朗。有理由认为中国更希望在其西部面对一群相对独立的国家，而不是一个俄罗斯帝国。这些新生的国家至少可以充当一种缓冲，但中国同时也担心其新疆境内的突厥少数民族可能把中亚新独立国家看作自己的有吸引力的榜样。正因为如此，中国已在谋求哈萨克斯坦保证压制跨边境少数民族的激进主义行动。从长远看，北京对本地区的能源资源必定会有特殊的兴趣。直接获得这些资源,而不受莫斯科的控制,必定是北京的主要目标。这样,中国的整体地缘政治利益就会与俄罗斯追求主导地位的努力发生冲突,却与土耳其和伊朗的意图相互补充。

对乌克兰来说,主要问题是独联体未来的性质,以及能否更自由地获得能源资源以减少乌克兰对俄罗斯的依赖。在这方面,与阿塞拜疆、土库曼斯坦和乌兹别克斯坦的更为密切的关系对基辅十分重要。乌克兰对那些更有独立意识的国家的支持是加强它自身对莫斯科的独立的努力的延长。同样,乌克兰支持格鲁吉亚成为阿塞拜疆向西出口石油的通道的努力。乌克兰还与土耳其合作以削弱俄罗斯在黑海的影响并支持土耳其为将石油从中亚直接输送到土耳其终端的努力。

巴基斯坦和印度的介入就更为遥远了,但它们对新的欧亚大陆的巴尔干可能发生的事情也都不是无动于衷的。巴基斯坦的首要利益在于通过其在阿富汗的政治影响获得地缘战略的纵深,不让伊朗在阿富汗和塔吉克斯坦发挥政治影响,并最终从连接中亚和阿拉伯海的输油管道的建设中获益。印度为了对巴基斯坦作出反应,同时也出于对中国在这个地区的长期影响的担心,更支持伊朗在阿富汗的影响以及俄罗斯在原苏联空间内更多的存在。

美国虽然相距甚远,由于它的利益是在后苏联的欧亚大陆保持地缘政治多元化,美国出现在背景之中并逐渐成为一个越来越重要的也许是间接的棋手。它显然不仅对开发这个地区的资源感兴趣,而且要阻止俄罗斯单独主导这个地区的地缘政治空间。美国这样做不仅是在谋求它更大的欧亚地缘战略目标,而且也通过争取毫不受限制地进入这个至今还封闭着的地区,维护其本身日益增长的经济利益以及欧洲和远东的利益。

因此,在这个难题中有利害关系的包括地缘政治力量、潜在的巨大财富的获取、民族和(或)宗教使命的完成以及安全利益。然而,竞争特别集中在能否进入该地区的问题上。在苏联解体之前,进入该地区的途径完全由莫斯科所垄断。所有的铁路运输、油气管道,甚至航空运输都得通过莫斯科这个中心来运营。俄罗斯的地缘政治学家们希望这种情况一直保持下去。因为他们知道谁控制或主导进入该地区的途径,谁就最可能赢得这一地缘政治和经济的大奖。

正是由于这种考虑才使油气管道问题成为影响里海盆地和中亚的未来的主要问题。如果连接这一地区的主要的管道继续穿过俄罗斯领土到达俄罗斯的黑海港口新罗西斯克,即使俄罗斯不公开地炫耀实力,这种情况的政治后果也会自然地显现出来。这个地区仍将在政治上依附于俄罗斯,而俄国在决定如何分配该地区的新财富问题上就会处于强有力的地位。反过来,如果另有一条管道穿过里海通到阿塞拜疆再经土耳其到达地中海,或者还有一条管道经过阿富汗到达阿拉伯海,那么就不会有任何一个大国垄断进入该地区的途径了。

麻烦的现实是,俄罗斯政治精英中有些人的行为表明,如果俄罗斯不能完全控制进入该地区的途径的话,他们宁愿让该地区的资源根本得不到开发。如果外国投资可能导致外国经济和政治影响在该地区更直接的存在,俄罗斯宁愿仍然对这里的财富不加开发。这种财富拥有者的心态有历史根源,改变它需要时间和外部的压力。

沙皇在高加索和中亚的扩张持续进行了大约三百年的时间,但俄帝国最近的终结却突然得让人吃惊。随着奥斯曼帝国实力的衰落,俄罗斯帝国向南沿着里海海岸向波斯推进。它在

1556 年占领了阿斯特拉罕可汗统治的领地,并于 1670 年到达波斯。它在 1774 年到 1784 年间征服了克里米亚,然后于 1801 年占领格鲁吉亚王国并在 19 世纪后半叶席卷了散居在高加索山脉的各个部落(车臣曾进行了殊死抵抗),在 1878 年完全占领了亚美尼亚。

对中亚的征服主要不是压倒了一个对抗的帝国,而是降伏了一个个基本上相互分离的半部落性质的封建可汗统治地和酋长国。它们只有能力进行零星的、孤立的抵抗。乌兹别克斯坦和哈萨克斯坦是在 1801 年间进行了一系列军事远征后被占领的,而土库曼斯坦是在 1873 年到 1886 年的长期战争中被打败和兼并的。然而,到 1850 年,对中亚大部分地区的征服已基本结束,尽管零星爆发的地方抵抗运动到苏联时期也仍然时有发生。

苏联的解体导致了戏剧性的历史逆转。1991 年 12 月,在短短的几个星期内,俄罗斯在亚洲的地盘突然缩小了约 20%,俄国在亚洲控制的人口从 7 500 万减少到大约 3 000 万。另外,高加索的 1 800 万居民也脱离了俄国。这种逆转使俄国政治精英感到更加痛苦的是,他们知道这些地区的经济潜力正成为外国利益集团的目标,而这些利益集团拥有金融手段在此投资、开发和开采直到不久之前仍然只有俄国才能获得的资源。

然而俄罗斯面对着一个困境·它在政治上过于孱弱,无力完全隔断外部对这一地区的影响,在财政上也过于贫困而无力完全依靠自身的力量开发这个地区。更重要的是,俄罗斯敏感的领导人认识到,新独立国家正在发生的人口爆炸意味着如果它们不能保持持续的经济增长,最终俄罗斯整个南部边界地区就会出现一种爆炸性的形势。特别当民族主义和伊斯兰势力在从前被征服的民族中间重新兴起时,俄国在阿富汗和车臣的经历可能再现于从黑海到蒙古的整个边界线上。

所以俄罗斯无论如何一定要设法适应后帝国时期的新现实。它试图抑制土耳其和伊朗在这一地区的存在,防止新独立的国家向俄罗斯的主要对手靠近,阻挠中亚形成任何真正独立的地区合作,并限制美国在新主权国家的地缘政治影响。所以,这已经不再是重建帝国的问题。重建帝国代价太高而且会遭到强烈的抵抗。现在的问题是,要建立一个限制新独立国家的新关系网并保持俄罗斯在地缘政治和经济上的主导地位。

为实现这一任务而选择的工具主要是独联体,不过在有些地方使用俄罗斯的军事力量和娴熟的外交手段以达到"分而治之"的目的,也同样维护了克里姆林宫的利益。莫斯科利用其影响力图使新国家最大限度地顺从其建立越来越一体化的"共同体"的想法,并大力推动对独联体外部边界实施集中指挥的控制体系;寻求在共同的对外政策框架中实现更紧密的军事一体化;以及进一步扩大现有的(原苏联的)油气管道网,并且不让铺设任何能绕开俄罗斯的新管道。俄罗斯的战略分析已公开表示莫斯科把这一地区看作是自己特有的地缘政治空间,虽然它已不再是其帝国不可分割的一部分。

克里姆林宫一直寻求在新独立国家的领土上保持俄罗斯的军事存在,这一事实为我们提供了一个了解俄罗斯地缘政治意图的线索。莫斯科利用阿布哈兹的分离运动取得了在格鲁吉亚保留军事基地的权利。它利用亚美尼亚在对阿塞拜疆的战争中需要支持这一机会,使俄罗斯在亚美尼亚领土上的军事存在合法化。俄罗斯还在政治上和财政上对哈萨克斯坦施加压力,使其接受俄罗斯的军事基地。另外,塔吉克斯坦的内战使原苏联军队得以继续留在那里。

莫斯科在制定其政策的时候是从这样一些明显的预期出发的：它与中亚在后帝国时期的关系网络将逐渐削弱每个势单力薄的新国家的主权实质，并将它们置于一种从属于"一体化"独联体的指挥中心的地位。为实现这一目标，俄罗斯不鼓励新国家创建其自己单独的军队和推广使用其各自的语言（他们在逐渐以拉丁字母替代西里尔字母），也不鼓励它们与外界发展更密切的关系，并反对它们铺设直接通向阿拉伯海和地中海港口的新管道。如果这一政策获成功，俄罗斯就能控制它们的对外关系并决定如何分享收入。

在寻求这一目标的过程中，俄罗斯的发言人，如本书第四章所示，经常援引欧洲联盟的例子。然而实际上，俄罗斯对中亚国家和高加索的政策更像是非洲的法语区——由法国的军队和财政补贴来决定殖民地时期以后的法语非洲国家的政治和政策。

俄罗斯的总目标是在最大程度上恢复它在这一地区的政治和经济影响力，而巩固独联体是实现这一目标的主要机制。但看来莫斯科欲在政治上使之处于从属地位的首要地缘政治目标是阿塞拜疆和哈萨克斯坦。为了使其政治反攻获得成功，莫斯科必须不仅控制进入该地区的途径而且要对其地理屏障进行渗透。

对俄罗斯来说，阿塞拜疆必须是首要的目标。它对俄罗斯的屈服会有助于将中亚与西方，特别是与土耳其完全隔离，从而进一步增强俄罗斯对难以驾驭的乌兹别克斯坦和土库曼斯坦的影响力。为此，俄罗斯在类似如何分配里海海床钻探区块等有争议的问题上策略性地与伊朗合作将有利于俄罗斯实现其重要目标——迫使巴库向莫斯科的愿望让步。一个顺从的阿塞拜疆也将有助于俄罗斯巩固它在格鲁吉亚和亚美尼亚的主导地位。

哈萨克斯坦也是一个特别具有诱惑力的首要目标。哈萨克斯坦在种族问题上的脆弱性使哈萨克斯坦政府在与莫斯科的公开对抗中不可能占上风。哈萨克斯坦的逐渐屈从将产生一个地缘政治效果,那就是几乎自动地将吉尔吉斯斯坦和塔吉克斯坦拉入莫斯科控制的范围,同时将乌兹别克斯坦和土库曼斯坦直接地暴露在俄罗斯的压力之下。

然而,俄罗斯的战略与位于欧亚大陆巴尔干的几乎所有国家的抱负都背道而驰。这些国家的新政治精英不会自愿让出他们从独立中获得的权力和好处。随着当地的俄罗斯人逐渐让出他们原有的特权地位,新的精英正很快地扩展他们在主权方面的既得利益。这是一个充满活力的并且有社会感染力的进程。而且,曾经在政治上很消极的人民也越来越具有民族主义倾向。除格鲁吉亚和亚美尼亚以外,其他各国人民也更加重视他们的伊斯兰特性。

就外交来讲,格鲁吉亚和亚美尼亚(虽然亚美尼亚依靠俄罗斯的支持与阿塞拜疆抗衡)都希望自己逐步与欧洲联系在一起。资源富饶的中亚国家以及阿塞拜疆都希望在经济方面最大限度地在本国领土上吸纳美国、欧洲、日本,后来还有韩国的资本,以大大加速它们的经济发展并巩固各自的独立。为此,它们也欢迎土耳其和伊朗发挥更大的作用,并把土伊看作可以抗衡俄罗斯力量的因素以及通向南方广阔的穆斯林世界的桥梁。

所以,阿塞拜疆在土耳其和美国的鼓励下不仅拒绝了俄罗斯建立军事基地的要求,而且公然违抗俄罗斯关于在阿塞拜疆只修建一条通往俄罗斯黑海港口的管道的要求。它选择了一个双重解决办法,要再修建一条通过格鲁吉亚到土耳其的管道(由于美国禁止为与伊朗进行商务活动提供资金,由一家美国公司投资修建一条向南通过伊朗的管道的计划已不得不放弃)。1995 年,在一片鼓噪声中,一条连接土库曼斯坦和伊朗的新铁路开通了。这使欧洲通过铁路运输与中亚进行贸易成为可能,并完全将俄罗斯撇在了一边。这条古丝绸之路的重新开通具有一种强烈的象征意义,俄罗斯再也无法将欧洲与亚洲分开了。

乌兹别克斯坦在反对俄罗斯的"一体化"努力方面也越来越自信。乌兹别克斯坦外交部长在 1996 年 8 月明确表示"乌兹别克斯坦反对建立独联体超国家机构,因为这种机构可能被当作实现集中控制的工具"。它强烈的民族主义姿态已经受到俄罗斯报界言辞激烈的谴责:乌兹别克斯坦

> 在经济上强调向西方倾斜,对独联体内一体化条约大肆诽谤,甚至坚决拒绝加入关税联盟,还有计划地实行反俄罗斯的民族政策(甚至正在关闭使用俄语的幼儿园)……对正在亚洲地区推行弱化俄罗斯政策的美国来说,乌兹别克斯坦的这种立场是非常具有吸引力的。[1]

即使是哈萨克斯坦也对俄罗斯的压力作出了反应。它也主张应再有一条不通过俄罗斯的辅助性对外通道。正如哈总统顾问尤米尔西里克·卡西诺夫(Umirserik Kasenov)所说:

> 实际上,是俄罗斯自己的行动促使哈萨克斯坦想寻求其他管道,比如俄罗斯限制哈萨克斯坦的石油运往新罗西斯克,限制秋明的石油运往帕夫洛达尔的炼油厂。土库曼斯坦推动建设一条通往伊朗的天然气管道的部分原因是,独联体国家只为其天然气支付国际价格的 60% 的价钱或根本不付钱。[2]

土库曼斯坦基本上也是出于相同的原因,一直积极研究建

造一条通过阿富汗和巴基斯坦到阿拉伯海的新管道,同时还在
大力修建北连哈萨克斯坦和乌兹别克斯坦,南接伊朗和阿富汗
的新铁路线。哈萨克斯坦人、中国人和日本人雄心勃勃地设想
了一个从中亚到中国海的管道工程(见图5.4),并就此举行了非
常初步的探讨性会谈。西方已承诺对阿塞拜疆的石油和天然气
作长期投资,总数达130亿美元,在哈萨克斯坦则大大超过200
亿美元(1996年数字)。由于全球经济的压力而俄罗斯在财力
上又办法有限,这一地区经济和政治上的孤立状态显然正在破
除之中。

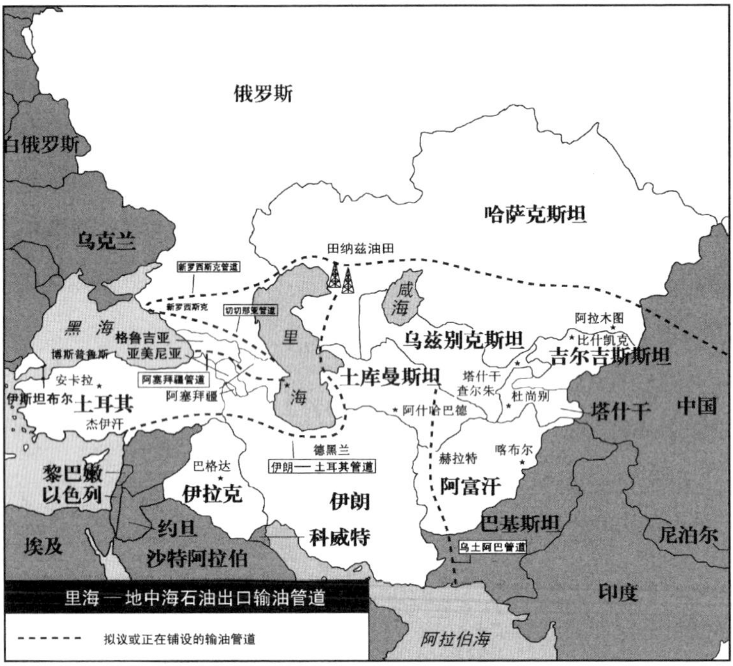

图 5.4

　　对俄罗斯的恐惧还促使中亚国家加强了地区合作。1993
年1月成立的中亚经济联盟起初处于休眠状态,后来逐渐活跃

起来。即使是原来明确倡导建立一个新"欧亚联盟"的哈萨克斯坦总统努尔苏丹·纳扎尔巴耶夫,也逐步改变想法,转而支持中亚地区紧密合作和加强这一地区各国间军事协调的想法,支持阿塞拜疆将里海和哈萨克石油通过土耳其运出去的努力,并主张共同反对俄罗斯和伊朗企图阻止在里海沿岸国家间分段划分里海大陆架和矿产资源的做法。

鉴于该地区各国政府有高度集权的倾向,主要领导人之间的个人和解也许关系更为重大。众所周知,哈萨克斯坦、乌兹别克斯坦和土库曼斯坦的总统并不十分相互欣赏(这一点他们对外国客人都说得非常坦率)。他们个人之间的敌视起初使克里姆林宫比较容易拉拢一个来反对另外两个。到20世纪90年代中叶,这三位领导人都已意识到,他们之间更紧密的合作对于维护他们新赢得的主权是至关重要的,于是他们开始高度注意公开表现他们之间据称是密切的关系,并强调今后要协调他们的对外政策。

但是更为重要的是在独联体内部出现了一种非正式的联盟,它由乌克兰和乌兹别克斯坦领导,致力于建立一个"合作的"而非"一体化"的联合体。为此,乌克兰分别与乌兹别克斯坦、土库曼斯坦和格鲁吉亚签署了军事合作协议。1996年9月,乌克兰和乌兹别克斯坦的外长还非常象征性地发表了一个宣言,要求此后独联体首脑会议不再由俄罗斯总统主持而是由各国轮流担任主席。

乌克兰和乌兹别克斯坦树立的榜样,即使是对那些更顺从于莫斯科主要意图的领导人来说也产生了影响。当哈萨克斯坦的努尔苏丹·纳扎尔巴耶夫和格鲁吉亚的爱德华·谢瓦尔德纳泽(Eduard Shevardnadze)1996年9月宣布如果"我们的独立受到威胁"就将脱离独联体时,克里姆林宫一定非常恼怒。在更大的范围里,作为独联体的抗衡力量,中亚国家和阿塞拜疆提高了他们在经济合作组织中的活动水平。这个组织是这一地区伊斯兰国家间的一个还相对比较松散的组织。其成员还包括土耳其、伊朗和巴基斯坦。它致力于促进成员国之间的财政、经济和交通运输联系。莫斯科已经在公开批评这些倡议和行动,并且相当正确地认为这正在弱化有关国家的独联体成员国属性。

出于类似的想法,这一地区的国家稳步加强了与土耳其的联系,在较小的程度上也加强了与伊朗的联系。土耳其提出为新的民族军官团提供军事培训,并热情欢迎大约一万名学生到土耳其留学。对此,这些突厥语国家都欣然接受。1996年10月在土耳其支持下在塔什干召开第四次突厥语国家首脑会议。会上着重强调与土耳其加强交通运输联系,增加贸易,并建立共同的教育标准和进行更密切的文化合作。土耳其和伊朗两国一直在电视节目的制作方面非常积极地帮助新独立的国家,从而直接影响广大的观众。

1996年12月在哈萨克斯坦首都阿拉木图举行的一次仪式特别有象征意义地表明,土耳其完全认同这一地区的新国家所取得的独立。在哈萨克斯坦独立五周年的庆典上,土耳其总统苏莱伊曼·德米雷尔(Suleyman Demirel)站在纳扎尔巴耶夫总统旁边,为一座28米高的金色纪念碑揭幕,碑顶上是一位骑在类似狮身鹰首的野兽身上的传说中哈萨克—突厥勇士的塑像。当时,哈萨克斯坦赞扬土耳其"在哈萨克斯坦作为一个独立国家发展的每一阶段,都站在哈萨克斯坦的一边"。而作为回报,土耳其在大约12亿美元的私人投资之外又给了哈萨克斯坦一笔3亿美元的贷款。

虽然土耳其和伊朗都无法排除俄罗斯在这一地区的影响,

土耳其和伊朗(在比较小的程度上)却一直在加强新国家的意志和能力,抵制与北方的邻国和旧主人的重新一体化。而这样做必然有助于使这一地区地缘政治的前景更加开放。

既不统治也不排他

这个地区在地缘战略上对美国的含义十分清楚:美国相距太远而无法在欧亚大陆的这一部分成为主导力量,但美国又太强大而不能不参与这一地区的事务。这一地区的所有国家都认为,美国的参与对它们的生存是必要的。俄罗斯过于虚弱,既不能恢复对这一地区的帝国统治,也无法将其他国家排挤出去;但因为离得太近又十分强大,俄罗斯也不能被排除在外。土耳其和伊朗的力量足以发挥影响,但它们自身的脆弱性可能使这一地区无力应付来自北方的挑战和地区内部的冲突。中国太强太大,不能不令俄罗斯和中亚国家担心,但正是中国的存在及其经济活力有助于中亚寻求与世界更广泛的联系。

所以,美国的首要利益是帮助确保没有任何一个大国单独控制这一地缘政治空间,保证全世界都能不受阻拦地在财政上和经济上进入该地区。只有在一个油气管道和交通运输网络通过地中海和阿拉伯海以及陆地把这个地区直接与世界经济活动的主要中心连接起来的时候,地缘政治的多元化才能变成一个持久的现实。因此,必须反对俄罗斯为垄断进入该地区的途径而作的努力,因为这不利于这一地区的稳定。

然而,把俄罗斯排除在该地区之外或者煽动该地区新国家

敌视俄罗斯,既不可取也不可行。实际上,俄罗斯在该地区发展
中积极的经济参与对这一地区的稳定是必不可少的。而且让俄
罗斯成为一个伙伴,而不是唯一的主宰,结果还可带来巨大的经
济利益。这一地区稳定性的加强和财富的增加还直接有助于俄
罗斯的经济发展并会给独联体所标榜的"联合体"增添一些实际
的意义。存在着某些野心更大、历史上过时、令人痛苦地联想起
原先的巴尔干的想法。只有有效地排除这些想法,合作性选择
才会成为俄罗斯的政策。

　　美国应给予最有力的地缘政治支持的国家是阿塞拜疆、乌
兹别克斯坦和(在该地区之外的)乌克兰。这三个国家都是地缘
政治的支轴。基辅的作用确实使人们更加坚信乌克兰对于俄罗
斯未来的演变是一个关键性国家。同时,鉴于其面积、经济潜力
和重要的地理位置,哈萨克斯坦也应该得到审慎的国际支持,特
别是持续的经济援助。到时候,哈萨克斯坦的经济发展也许会
有助于弥合其民族分裂,而正是这种分裂使这个中亚地区的"屏
障"在俄罗斯的压力面前变得十分脆弱。

　　在这个地区,美国不仅与稳定的、亲西方的土耳其,而且与
伊朗和中国有着共同的利益。美伊关系的逐步改善将极大地增
加全世界进入该地区的机会,更具体的是,会减小对阿塞拜疆的
生存所造成的更直接威胁。中国在这个地区不断增加的经济活
动和这一地区的独立给它带来的政治利益也是与美国的利益相
一致的。中国支持巴基斯坦在阿富汗的努力也是一个积极因
素,因为更为密切的巴基斯坦—阿富汗关系使国际社会更容易
进入土库曼斯坦,从而有助于加强土库曼斯坦和乌兹别克斯坦
(如果哈萨克斯坦变得不稳定的话)。

　　土耳其的发展和取向对高加索国家的未来尤其具有决定

性。如果土耳其保持通往欧洲的通道,如果欧洲也不对土耳其关上大门,那么高加索国家很可能也被吸纳入欧洲的范围,而这种前景正是它们梦寐以求的。但是如果土耳其欧洲化的步伐不管是因为内部的或外部的原因停顿下来,格鲁吉亚和阿塞拜疆就只能选择去适应俄罗斯的意图这条路了。那时,它们的未来将随着俄罗斯与不断扩大的欧洲关系的演变而变化,也可能好也可能坏。

伊朗的作用可能更成问题。它重新回到亲西方的立场自然会有利于这一地区的稳定和巩固,所以美国鼓励伊朗的行为发生这种转变在战略上是可取的。但是在这样的转变之前,伊朗可能发挥消极的作用,对阿塞拜疆的前景产生负面的影响。就是伊朗采取诸如使土库曼斯坦对世界开放等积极步骤,以及目前它虽有自己的原教旨主义却助长着中亚人本身的传统宗教意识,情况也会这样。

最后,中亚的未来可能受到更为复杂的情况的综合影响。中亚国家的命运将取决于俄罗斯、土耳其、伊朗和中国利益错综复杂的相互作用,也取决于美国在多大程度上使美俄关系以俄罗斯对新国家独立地位的尊重为转移。这种相互影响的现实使任何一个有关地缘战略棋手都不能把帝国统治或一国垄断地区事务作为追求目标。所以,只能在保持一种微妙的地区平衡与出现种族冲突、政治分裂、在俄罗斯南部边境甚至可能发生的公开敌对行为之间作出基本选择。这种微妙的平衡会使该地区逐步进入正在兴起的全球经济中去,并使地区各国得到巩固,还可能获得较为明显的伊斯兰特性。建立和加强这样一种地区平衡,必须成为美国对欧亚大陆的任何综合性地缘战略的一个主要目标。

注 释

1. *Zavtra* 28(June 1996).

2. "What Russia Wants in the Transcaucasus and Central Asia," *Nezavisimaya Gazeta*, January 24, 1995.

第六章　远东之锚

　　美国对欧亚大陆的一项有效政策必须具有一只远东的锚。然而，如果美国被他人排除或者自我排除在亚洲大陆之外，那么这一需要就将无法实现。就美国的全球政策而言，同海上的日本建立密切关系固然必要，但是要贯彻美国的欧亚地缘战略，就必须同中国建立合作关系。必须正视这一现实的影响，因为目前美、中、日三个主要大国在远东的相互作用，在该地区造成了一个潜在的带有危险性的难题，这几乎肯定将导致地缘政治的结构变化。

　　就中国而言，太平洋彼岸的美国应该是一个天然盟友，因为美国对亚洲大陆不抱图谋，而且美国在历史上曾反对日本和俄国对羸弱的中国的蚕食。中国人把日本视为最近一个世纪的主要敌人。长期以来中国人就不信任俄国，在中文里，俄国即"饿乡"。现在印度也成为潜在的对手。这样一来，"我的邻居的邻居是我的盟友"这一原则就适用于中美之间的地缘政治和历史关系了。

　　然而，现在美国已不再是日本在大洋彼岸的对手，美国同日本建立了紧密的联盟关系。美国同中国台湾以及东南亚一些国家的关系也很紧密。美国对目前中国政权的内部性质在理论上持保留态度,中国人对此十分敏感。因此,中国不仅在寻求全球的举足轻重地位方面,甚至在只寻求地区的主导地位方面,都视美国为主要障碍。那么,美中是否必然迎头相撞?

对日本来说,美国一直如同是一把保护伞。在这把保护伞之下,日本得以平安地从毁灭性的战败中恢复过来,重获其经济发展的势头,并在此基础上逐步取得了世界首要国家之一的地位。但是也恰恰是这把保护伞强行限制了日本的行动自由,造成了日本既是世界级大国同时也是被保护国的矛盾状况。在日本要充当世界领袖的努力中,美国将继续是其重要的伙伴,但同时美国的作用也是日本在安全领域继续缺乏民族自主能力的主要原因。这种局面还能持续多久?

换言之,在可预见的将来,两个最重要且又直接发生相互作用的地缘政治问题将界定美国在欧亚大陆远东地区的作用:

1. 从美国的观点来看,在中国发展成为主导的地区大国的可能性以及其寻求全球大国地位的日益增长的愿望方面,可行的定义和可接受的范围是什么?

2. 在日本力图界定其全球作用之时,它对作为美国保护国地位的默认程度必然减小,美国应怎样应付由此而在本地区产生的后果?

目前,东亚地缘舞台的特点是,大国关系处于亚稳定状态。亚稳定是一种外部僵硬而仅有相对较小的灵活性的状况。在这方面更像铁而不像钢。这种状态易于受到因不和谐的力量冲击而造成的破坏性连锁反应的损害。今天的远东既有非同寻常的经济活力,又有越来越大的政治不确定性。事实上,亚洲的经济增长甚至可能是造成这种不确定性的原因之一，因为繁荣掩盖了该地区的政治脆弱性，尽管繁荣提高了民族的雄心并加大了社会的期望值。

毋庸置疑，亚洲在经济上获得的成功在人类发展史上是没有先例的。仅举几个基本统计数字就可鲜明地说明这一现实。不到四十年前，包括日本在内的东亚只占世界全部国民生产总值的约4%，而北美则以约35%—40%的比例领先；到了20世纪90年代中期，这两个地区所占比重则已大体相同，都是25%左右。此外，亚洲经济增长的速度也是史无前例的。经济学家们指出，在工业化的起飞阶段，英国用了五十多年，美国用了略少于五十年的时间，才分别使它们的人均产值翻了一番，而中国、韩国则仅用了约十年的时间就做到了这一点。除非在该地区发生某种大规模的动乱，否则的话，亚洲有可能在25年的时间里在国民生产总值上超过北美和欧洲。

然而，除了成为世界经济重心之外，亚洲还是世界的潜在政治火山。亚洲虽然在经济发展方面会超过欧洲，但是在地区的政治发展方面却存在着突出的缺陷。亚洲缺乏欧洲已有的合作性多边结构，这种结构在欧洲的政治形势中占着主导地位，并对欧洲那些较为传统的领土、种族和民族冲突加以淡化、缓解和遏制。亚洲没有类似欧洲联盟或北约的组织。亚洲的三个区域性组织，无论是东南亚国家联盟，还是东盟国家进行政治安全对话的亚洲地区论坛，抑或亚太经合组织，都根本无法同将欧洲连成一片的多边区域合作联系网络相比拟。

与此相反的是，今天的亚洲是世界上新近觉醒且日益发展的群众性民族主义最主要的集中地。这种民族主义之所以被煽动起来，是因为亚洲国家突然可以接触大众通讯工具。而使这

种民族主义更加活跃的是日益增长的经济繁荣和社会贫富差距
拉大所造成的日益加大的社会期望值。人口和城市化的爆炸性
增长和发展则使得这种民族主义更加易于发展成为政治性的涌
动。亚洲国家扩充军备的规模使得上述情况变得更加不祥。根
据伦敦国际战略研究所的统计,1995年这一地区超过欧洲和中
东,成为世界上进口武器最多的地区。

　　简而言之,东亚地区充满了活力,迄今为止该地区经济的迅
速增长正将这种活力引导到和平的方向。但是到某个时候,一
旦被某些突发事件,哪怕是相对来说比较小的事件引起政治激
情的释放,安全阀就有可能被冲垮。在许多有争议的问题上都
存在着出现突发事件的可能,每一个问题都很容易被人煽动和
利用,从而可能是爆炸性的:

- 随着中国实力的加强,以及日益繁荣的台湾开始玩弄一
  个"民族国家"正式的分离地位,中国大陆对台湾这种势
  态的不满日趋强烈。

- 围绕着南中国海的西沙群岛和南沙群岛,由于中国将南
  中国海视为其合法的国家世袭遗产,中国和几个东南亚
  国家为占有潜在的宝贵的海床能源资源有发生冲突的
  危险。

- 日本和中国就钓鱼岛存在争议(互为对手的台湾和中国
  大陆对此问题看法却非常一致),而日中之间在该地区寻
  求主导地位的历史之争,使得这一问题更具有象征意义
  的重要性。

- 朝鲜半岛的分裂以及北朝鲜内在的不稳定——北朝鲜寻
  求拥有核能力的努力使形势变得更加危险——构成了朝
  鲜半岛被突然爆发的战争吞没的危险。这场战争将把美

国也卷进去,并使日本间接地介入。

- 苏联在 1945 年单方面占领了千岛群岛的最南端部分。这一问题使俄罗斯同日本的关系继续处于瘫痪状态,并继续毒化两国关系。
- 其他潜在的领土和种族冲突涉及俄中、中越、日韩以及中印之间的边界问题;以及中国同印度尼西亚关于海洋边界的争议。

在这一地区,各国力量的分布也不均衡。中国拥有核武库和一支人数众多的武装部队。它显然是主导的军事大国(见表 6.1)。中国的海军已经采纳了"近海积极防御"的战略思想,同时设法在今后十五年内拥有远洋作战的能力,以便"有效控制第一岛屿链以内海域"。这一海域是指台湾海峡和南中国海。可以肯定,日本的军事能力也在增长。就日本的军备质量而言,这一地区没有一个国家能与日本相匹敌。然而,目前日本的武装部队并非其外交政策的工具,而是在较大程度上被视为美国在这一地区军事存在的延伸。

中国的崛起已促使其东南亚邻国愈益对中国所关注的问题采取敬服的态度。值得注意的是,1996 年初在台湾问题上发生小小的危机期间(当时中国进行带有某种威胁性的军事演习,封锁了台湾附近的海空通道,促使美国调动海军,显示其力量),泰国外交部长匆忙表示,这种封锁是正常的,而印度尼西亚外长则表示,这完全是中国的事情。菲律宾和马来西亚宣布对此问题采取中立的政策。

近些年来,这一地区缺乏力量均势的状况已促使原本相互提防的澳大利亚和印度尼西亚之间进行越来越多的军事协调。这两个国家毫不掩饰它们对于中国成为地区军事主宰的较长远

表 6.1 亚洲的武装力量

	人员	坦克	战斗机	水面舰船	潜水艇
	总数	总数	总数	总数	总数
中国	3 030 000	9 400(500)	5 224(124)	57(40)	53(7)
巴基斯坦	577 000	1 890(40)	336(160)	11(8)	6(6)
印度	1 100 000	3 500(2 700)	700(374)	21(14)	18(12)
泰国	295 000	633(313)	74(18)	14(6)	0(0)
新加坡	55 500	350(0)	143(6)	0(0)	0(0)
朝鲜	1 127 000	4 200(2 225)	730(136)	3(0)	23(0)
韩国	633 000	1 860(450)	334(231)	17(9)	3(3)
日本	237 700	1 200(929)	324(231)	62(40)	17(17)
中国台湾省*	442 000	1 400(0)	460(10)	38(11)	4(2)
越南	857 000	1 900(400)	240(0)	7(5)	0(0)
马来西亚**	114 500	26(26)	50(0)	2(0)	0(0)
菲律宾	106 500	41(0)	7(0)	1(0)	0(0)
印度尼西亚	270 900	235(110)	54(12)	17(4)	2(2)

* 台湾已订购了 150 架 F-16 战斗机、60 架幻影战斗机和 130 架其他型号的战斗机。

** 马来西亚正在购买 8 架 F-18 战斗机，可能还有 18 架米格-29 战斗机。

注：人员是指所有的现役军人；坦克包括主战坦克和轻型坦克；战斗机是指空对空和空对地攻击的飞机；水面舰船包括航空母舰、巡洋舰、驱逐舰和护卫舰。潜水艇是指各种类型的潜水艇。至少是 20 世纪 60 年代中期以来设计的带有先进技术的武器，如坦克的数字为先进武器系统。

括号内的数字为先进武器系统。

资料来源：General Accounting Office Report，"Impact of China's Military Modernization in the Pacific Region." June 1995.

前景以及对于美国作为这一地区安全保证者的持久力的担忧。这一担忧也使得新加坡着手同这些国家进行更为密切的安全合作。事实上,在整个地区,战略家们面临的关键问题,同时也是没有答案的问题是:"十万美军在一个世界人口最为密集并日益拥有最多军备的地区里能够确保和平多久,美军究竟还可能在这一地区待多久?"

民族主义的日益加剧、人口的不断增长、持续发展的经济繁荣、愈来愈膨胀的期望值,还有相互交叉的权力欲望——就是在这种动荡不定的背景中,东亚的地缘政治环境出现了真正的结构性变化:

- 中国,不论其具体前景如何,是一个日益崛起的潜在的主导性大国。
- 美国在安全方面的作用越来越依赖于同日本的合作。
- 日本正在探索着发挥一种更为明确的自主的政治作用。
- 俄罗斯的作用已经大大削弱,与此同时原本由俄罗斯主宰的中亚已成为国际争夺的对象。
- 朝鲜半岛的分裂状况恐难持续,这使得朝鲜今后的发展方向成为其主要邻国日益关注的地缘战略问题。

这些结构性变化使本章开始时提出的两个主要问题变得更为突出。

中国:并非全球性而是地区性的国家

中国的历史是一部民族辉煌的历史。目前,中国人民强烈的民族主义与以往不同的只是它渗透于全社会之中,因为它吸引的人数之多是前所未有的中国人的自我认同和情感。这不再是一种基本上仅限于学生的现象。在 20 世纪初,国民党和中国共产党的先驱者都是学生。中国的民族主义现在已成为一种群众性现象,正在决定着世界上人口最多的国家的思想方式。

这种思想方式有着深刻的历史根源。历史使中国的精英倾向于认为中国是世界的理所当然的中心。事实上,中文的"中国"两字就是"中央王国"的意思,表达了中国在世界事务中处于中心地位的观念,并强调了民族团结的重要性。这种观念也意味着影响力分成不同的等级从中心向周边辐射。因此,作为中心的中国希望他人对它敬服。

而且,自远古以来,人口众多的中国一直有一个与众不同的和自豪的文明。这一文明在所有方面都是极为先进的:哲学、文化、艺术、社会管理技巧、技术发明和政治权力。中国人不能忘怀的是,到约公元 1600 年以前,中国一直在农业生产率、工业发明和生活水平方面居于世界领先的地位。但是,同抚育了约七十五个国家的欧洲文明和伊斯兰文明不同的是,中国在历史上绝大部分时间里一直是一个单一国家。在美国发表独立宣言之时,它已经拥有两亿多人口,而且还是世界上主要的制造业大国。

从这一观点出发,那么,中国从辉煌的地位上跌落下来,在过去的 150 年中蒙受了种种屈辱,是一种畸变,是对中国特性的亵渎,也是对每一个中国人个人的羞辱。这种屈辱必须洗雪,作恶者应该受到应有的惩罚。主要的作恶者是英国、日本、俄国和美国。它们的作恶程度不一:英国发动了鸦片战争,事后还厚颜无耻地贬低中国;日本在过去漫长的一个世纪里发动了掠夺性的战争,使中国人民蒙受了巨大苦难,但日本对此仍无悔悟;俄国不断地侵吞中国北方领土,斯大林又颐指气使,完全无视中国人的自尊心;最后还有美国通过其在亚洲的存在和对日本的支持,成为中国实现对外抱负的障碍。

中国认为,上述四大国中已有两个受到了历史的惩罚。英国已不再是个帝国,米字旗在香港永久地落下,结束了那令人特别痛苦的一章。俄罗斯虽仍是邻国,但其地位和声誉已经锐降,领土也大为缩小。因此,对中国构成最严重问题的只有美国和日本。中国将根据与这两个国家的相互作用,来最大限度地界定自己的地区作用和全球作用。

然而,这种界定首先取决于中国本身如何演变,以及中国实际上会变成一个多么强大的经济和军事大国。在这方面,对中国的预测,总的来说是有希望的,虽然并不是不存在某些重大的不确定性和制约因素。中国经济增长的速度以及外国在华投资的规模,都属全世界最高之列。根据这两方面的统计数字作出的通常预测是,在二十年左右的时间里,中国将成为一个全球性的大国,其实力大约与美国和欧洲(假定欧洲既深化又扩大了)持平。中国的国民生产总值现在已经大幅度超过俄罗斯,到那时很可能大大超过日本。这种经济发展势头将使中国有能力获得强大的军事实力,其规模将使其所有的邻国担惊受怕,就连那些地理上相距甚远,但却反对中国发展的国家也会感到害怕。香港和澳门回归中国,以及台湾或许最终与大陆重新统一,这一切将进一步使中国得以加强,随之出现的大中华,将不仅成为远东的主导国家,而且成为第一流的世界大国。

但是,任何诸如此类关于"中央王国"必然复兴而成为主要的全球性大国的预测都存在种种缺陷。最明显的缺陷是机械地

167

依靠统计数字作预测。有人不久前就犯过这种错误。他们预言日本会取代美国成为世界头号经济大国,并预言日本必将成为新的超级大国。这种看法没有考虑日本经济脆弱性的因素和政治缺乏连续性的问题。现在,那些声称并害怕中国必然会成为世界大国的人正在犯着同样的错误。

首先,中国爆炸性的增长速度是否能在今后二十年内得以保持,是个极难肯定的问题。经济减速的可能性不能排除。这种情况本身就会使通常的预测变得不可信。事实上,要使这样的经济发展速度在很长的历史时期内得以保持,需要的是多种因素的绝妙结合,其中包括有效的全国性领导、政治局势稳定、良好的国内社会秩序、高储蓄率、大量外资持续不断的流入,以及地区的稳定等等。所有这些积极因素是否会长时期地结合在一起是有疑问的。

再者,中国的高速增长很可能产生政治上的副作用,这种副作用将会限制其行动自由。中国的能源消耗的增长速度早已大大超过了国内能源生产的增长。这种增幅的差别还会扩大,如果中国的经济增长继续保持很高速度的话,就更是如此。粮食的情况也是如此。即使中国人口的增幅下降,人口增加的绝对数字仍然很大。在这种情况下,粮食进口对于国内民生和政治稳定变得更为重要。粮食依赖进口,将不仅因成本较高而给中国的经济资源造成紧张,而且也会使中国更容易受到外部压力的打击。

从军事上说,中国可能部分地有资格成为一个全球性大国,因为中国经济的规模及其高增长速度可使它的统治者把其国内生产总值相当大的一部分转用于支持中国武装力量的大扩充和现代化,包括进一步发展战略核武库。但是,如果这种努力太过分的话(据西方某些人的估计,在 20 世纪 90 年代中,中国的军费已经占其国内生产总值的约 20%),可能对中国的长期经济增长产生消极影响,就如同苏联试图同美国进行军备竞赛而失败对苏联经济造成的影响那样。除此之外,中国在扩军方面作出巨大努力,很可能促使日本也相应地走上扩军之路,这就抵消了中国逐步增长的军事力量带来的部分政治好处。人们一定不要忽视这样一个事实,除了核力量,中国在今后一段时间内很可能无力向其地区范围之外投送军事力量。

中国高速经济增长势必会造成不平衡,而肆无忌惮地攫取最大好处的欲望在很大程度上促成了这种不平衡的出现。中国沿海的南方和东部以及主要的城市中心,由于它们更易于吸收外资和开展对外贸易,是迄今中国令人印象深刻的经济增长的主要受益者。形成对照的是,广大内地的农村和某些边远地区已经落后了。在农村已有一亿多的失业人口。

人们对地区差异产生的不满,会开始同对社会不平等的愤怒情绪发生相互作用。中国的快速发展正在加大财富分配方面的社会差异。在某个时候,或是因为政府可能要设法限制这种差异,或是由于基层出现的社会不满,地区发展的不平衡和财富差距可以反过来影响国家的政治稳定。

现在普遍预测中国将在今后二十五年中成为全球事务中的支配性大国。对这种看法持谨慎怀疑态度的第二个原因,确实是中国的政治前景。

因此,民主化的问题是不能无限期地回避的,除非中国突然作出其在 1474 年曾作出的同样的决定:像现在的朝鲜那样与世隔绝。这样的话,中国就不得不召回目前在美国学习的七万多留学生,驱赶外商,关闭所有的电脑,并拆除数以百万计的中国家庭安装的卫星天线。这将是一种疯狂的行为,使人回想起了"文化大革命"。或许在一个短暂的时间里,由于国内的权力斗争,掌权的但其力量又是日趋衰落的中共教条主义派可能会试图仿效朝鲜,但那也只能是昙花一现。更可能的是,这会导致经济停滞,然后引发政治爆炸。

无论如何,自我孤立将意味着的,不仅是中国真想成为全球性大国的愿望会成为泡影,就连在地区坐大也办不到。而且,同世界接触,对中国来说利益太重大了。与1474年时的世界不同的是,现在的这个世界的渗透性太大,以至于任何一个国家都无法有效地排除世界的影响。因此,中国除了继续向世界开放以外,别无其他经济上有效的、政治上可行的现实选择。

民主化会越来越缠绕着中国。这个问题以及与此有关的人权问题都不可能长期回避。中国未来的进步以及它作为一个主要大国的崛起,都将在很大程度上取决于在中国执政的精英如何巧妙地处理两个相关的问题,即目前一代统治者与年轻班子的权力交接,以及处理国家的经济和政治制度之间的关系。

最后,还有第三个理由对中国可能在今后20年左右的时间里成为真正的主要全球性大国——对一些美国人来说,中国已经具有威胁性——的说法持怀疑态度。即使中国能避免严重的政治动乱,即使中国能设法在25年里维持其异常高速的经济增长,中国相对说来也仍将是很贫穷的国家,况且中国是否能做到这两点还大有疑问。即使中国的国内生产总值增加两倍,就人均收入而言,中国仍然排在全世界各国中较低的位置,更不用说中国相当大的一部分人实际上仍然很穷。[1]中国人均占有电话、汽车和电脑的相对排位非常靠后,人均占有消费品的情况就更差了。

总的说来,即使到 2020 年,即便是在最好的情况下,中国也不太可能在全球性大国的主要方面真正具有竞争力。然而,尽管如此,中国正在成为在东亚的占有优势的地区大国。在亚洲大陆,它已经在地缘政治方面占有主导地位。除了印度,中国的军事和经济力量使其邻国相形见绌。因此,中国在地区内越来越自信,以便与其历史、地理和经济的内在要求相称,这是十分自然的。

研究本国历史的中国学者知道,直到 1840 年,中国的帝国影响的范围仍然遍及整个东南亚,一直延伸至马六甲海峡,还包括缅甸、今天的孟加拉国的部分地区和尼泊尔、今天的哈萨克斯坦的一部分、整个蒙古,还有流入太平洋前的阿穆尔河以北大片今天被称为俄罗斯远东省的地区(见图 1.3)。这些地区要么是在中国某种形式的控制之下,要么对中国俯首称臣。1885 年至 1895 年期间,法—英的殖民扩张把中国的影响逐出了东南亚,而俄国在 1858 年和 1864 年把两项条约强加给中国,使中国在东北和西北丧失了领土。1895 年,中国在中日战争中又丧失了台湾。

几乎可以肯定,历史和地理将使中国人越来越坚持——甚至是充满强烈感情地坚持——台湾最终必须与大陆重新统一。但那只能在中国成功地保持经济进步并进行重大的民主化改革之后。否则,即便一个在地区中起主导作用的中国仍然可能缺乏军事手段来解决台湾问题,特别是当它面对美国反对的时候。在这种情况下,台湾问题必将继续激励中国人的民族主义,同时使中美关系变得麻烦起来。

地理也是使中国有兴趣与巴基斯坦结盟并在缅甸建立军事存在的一个主要因素。这两个举措都把印度作为地缘战略的目标。中国与巴基斯坦密切的军事合作将增加印度的安全困境，并限制印度在南亚建立地区霸权从而成为中国的地缘政治对手的能力。与缅甸的军事合作使中国能够使用印度洋上缅甸几个近海岛屿上的海军设施，因而使中国在整个东南亚，特别是马六甲海峡具有某种更大的战略影响。如果中国有朝一日控制了马六甲海峡以及位于新加坡的地缘战略咽喉，它就将把日本获得中东石油和进入欧洲市场的通道置于自己的控制之下。

因历史因素而更为有力的地理因素，也决定了中国对朝鲜的兴趣。一个重新统一的朝鲜成为美国（以及间接成为日本）影响的延伸，这将是中国所不能容忍的。中国最起码会坚持一个重新统一的朝鲜成为中国和日本之间一个不结盟的缓冲地带。中国还希望朝鲜对日本的历史积怨会自然而然地把朝鲜纳入中国的势力范围。但是，目前一个分裂的朝鲜半岛对中国最有利。

经济考虑也必将影响中国地区雄心的施展。在这方面，对新能源资源的快速增长的需求已经促使中国坚持在南中国海海底资源的地区性开发活动中发挥主导作用。同样，中国已经开始对能源丰富的中亚国家的独立表现出越来越大的兴趣。1996年4月，中国、俄罗斯、哈萨克斯坦、吉尔吉斯斯坦和塔吉克斯坦签署了一项边界和安全问题联合协议；同年7月江泽民主席访问哈萨克斯坦时，据说中方保证中国支持"哈萨克斯坦捍卫独立、主权和领土完整的努力"。这些清楚地表明，中国越来越卷入中亚的地缘政治。

历史以及经济这两种因素的结合，还促使一个在地区内更为强大的中国对俄罗斯的远东地区兴趣加浓。自从中俄有了一条正式的共同边界以来，中国第一次成为经济上更具活力、政治上更强大的一方。中国的移民和商人已经大量渗入俄罗斯地区,中国正更加积极地推进日本和朝鲜也参与的东北亚经济合作。在这一合作中,俄罗斯现在手中的牌要弱得多,而俄罗斯远东地区在经济上则越来越依赖同中国东北地区的密切联系。在中国同蒙古的关系中,类似的经济力量也在发生作用。

由此可见,中国的地区性的势力范围正在形成之中。但是,不应把势力范围与排他性的地区政治主宰(如苏联在东欧实施的那样)混为一谈。从社会经济意义上说,这种势力范围更具渗透力,而从政治上说则较少垄断性。然而势力范围涵盖一个地理空间,在这个空间里,各个国家在制定自己的政策时,要特别尊重地区性主导国家的利益、看法及其可能的反应。简而言之,中国的势力范围——也许更为准确的说法是受敬服的范围——可以界定为:在这个范围内各国首都在处理任何特定的问题时首先要问的问题是:"北京对此持何看法?"

尽管有已经提到的那些内外障碍,但是,如果中国确实成了一个地区性主导国家和全球性大国的话,那么它将在今后四分之一的世纪里,在地区内起主导作用并发挥作为一个全球性大国的潜在影响。在地区内起主导作用的大中华会将散居在新加坡、曼谷、吉隆坡、马尼拉和雅加达的极其富有而经济上又强大的华人政治支持调动起来(参见章后注释中所列的一些令人吃惊的数据)[2],还会渗透到中亚和俄罗斯远东地区,从而使其势力大致可恢复到150年前中华帝国开始衰落时的范围。通过与巴基斯坦结盟,中国的地缘政治范围甚至还会扩大。随着中国的力量和威信的上升,富有的海外华人可能会越来越认同中国的雄心壮志。东南亚国家可能会认为,对中国的政治敏感问题和经济利益敬而重之是明智之举,而且它们越来越这样做。[3]同样,新的中亚国家越来越视中国为一个大国,而且它们的独立以及它们在中俄之间的缓冲作用对中国的利益极为重要。

中国作为全球性大国的范围最可能向南部纵深大大扩张，于是印度尼西亚和菲律宾不得不适应中国海军成为南中国海上的一支主导力量这一现实。这样的中国将更可能情不自禁地用武力来解决台湾问题，而不顾美国的态度。在西部，乌兹别克斯坦是最坚决抵御俄罗斯侵吞其原帝国领地的中亚国家。乌兹别克斯坦可能会赞同与中国建立抵消俄罗斯影响的联盟关系，土库曼斯坦可能也会那样；中国或许会在因内部民族分裂而使国家十分脆弱的哈萨克斯坦采取更加进取的态势。真正成为了政治和经济巨人的中国也许还会对俄罗斯的远东地区施加更为公开的政治影响。与此同时，中国会支持在它主导下的朝鲜的统一。

但是，这样一个得意洋洋的中国也很可能会遇到外部力量的强烈反对。在西部，俄罗斯和印度有充分的地缘政治理由结成联盟，来共同抵挡中国的挑战。俄印之间的合作可能会主要集中于它们的利益受中国威胁最大的中亚地区和巴基斯坦。在南部，最强烈的反对来自越南和印度尼西亚（或许是在澳大利亚的支持之下）。在东部，对于中国一切想在朝鲜半岛占主导地位和用武力收复台湾的努力，美国都可能在日本的支持下作出针锋相对的反应。因为这些行动将使美国在远东的政治存在降格为只在日本的一个潜在不稳定的地区单独栖息。

两种情景完全成为现实的可能性，最终不仅取决于中国本身将如何发展，而且在很大程度上还取决于美国的行为和存在。如果美国脱离这一地区，那么第二种情景实现的可能性就大大增加。但是即使第一种情景全面实现，那也需要美国采取某种迁就态度和自我克制。中国人明白这一点，因而中国的政治不

得不首先集中于影响美国的行动,特别是影响美日间的关键性
关系。中国在策略上处理同其他国家的关系时也都会考虑到这
一战略上的关注。

中国对美国的主要异议,同美国的实际所作所为关系不大,
中国反对的是美国目前是什么和在什么地方。在中国看来,美
国是目前的世界霸主,美国以其在日本的主导地位为基础而在
本地区的存在,就是要遏制中国的影响。中国外交部研究机构
的一位分析家说:"美国的战略目标是要在全世界寻求霸权,它
不能容忍在欧亚大陆出现任何大国对美国的领导地位构成威
胁。"[4] 因此,仅仅由于美国的地位以及美国待在什么地方,美国
无意中就成了中国的对手,而不是中国的天然盟友。

因此,中国政策的任务是要利用美国的力量去和平地挫败
美国的霸权,同时还不要引发日本对地区的潜在欲望。这种政
策符合中国古代孙子的战略思想。为此,正如邓小平在 1994 年
8 月含蓄地说过的那样,中国的地缘战略须同时寻求两大目标:
"首先,反对霸权主义和强权政治,维护世界和平;第二,建立国
际政治经济新秩序。"第一个目标显然是针对美国的,目的是要
削弱美国的主导地位,但同时小心地避免同美国发生军事冲突,
那将会断送中国寻求成为经济强国的努力;第二个目标是要改
变全球实力的分配,利用某些主要国家对目前世界上的权势等
级制度的不满(美国在这个等级制度中排在首位),并且在欧亚
大陆的最西边和最东边分别得到欧洲(或德国)和日本的支持。

中国的第二个目标促使北京寻求一种力求避免同与它接壤
的邻国发生任何严重冲突的地区地缘战略,虽然中国在继续谋
求地区的主导地位。中俄关系的策略性改善尤为适时,特别是
因为目前俄罗斯已弱于中国。1997 年 4 月,中俄两国一起谴责

"霸权主义",并宣称北约的扩大是"不能允许的"。然而,中国不可能认真考虑同俄罗斯结成长期、全面的联盟来对付美国,因为那会导致美日联盟的深化和扩大。中国希望美日联盟慢慢地淡化。同俄罗斯结盟还会使中国与极其重要的现代技术和资金来源隔绝。

正如中俄关系那样,即使继续保持与巴基斯坦及缅甸密切的军事合作,中国也应避免同印度发生直接冲突。这种做法符合中国的利益。如果实施一种公开的敌视政策,将带来消极后果,不仅会使中国在战术上与俄罗斯妥协的权宜之计更为复杂化,而且会把印度推向与美国建立更为合作的关系。鉴于印度针对现存的全球"霸主"也暗中怀有某种反西方意向,减少中印之间的紧张也是符合中国更为广泛的地缘战略的重点。

同样的考虑,一般而言,也适用于目前中国同东南亚国家的关系。尽管中国人单方面声称南中国海属于中国,但同时他们又加强同东南亚各国领导人的关系(除了历史上敌对的越南人之外),利用近些年来马来西亚和新加坡领导人在西方价值观和人权问题上表达出来的更加直言不讳的反西方情绪。中国人尤为欢迎马来西亚总理马哈蒂尔不时发出的刺耳的反美言论。1996 年 5 月在东京的一个论坛上,马哈蒂尔公开对美日安全条约的必要性提出质疑,他提出要了解到底谁是美日联盟准备防御的敌人,并声称马来西亚不需要任何盟友。中国人显然认为,美国地位的任何削弱自然会加强中国对本地区的影响。

一个类似的情况是,施加坚韧的压力看来是目前中国对台政策的主要特点。尽管中国对台湾的国际地位问题采取毫不妥协的立场,为了表示中国在此问题上的严肃性甚至不惜有意引发国际紧张局势(如 1996 年 3 月),但是中国领导人大概也认识到他们暂时仍然缺乏强行取得满意结局的实力。他们认识到，在条件不成熟时依赖武力解决只会加速同美国发生使自己失败的冲突，并加强美国在本地区确保和平的作用。除此之外，中国人自己还认识到，中国在首先融合香港方面是否成功将会在很大程度上决定大中华崛起的前景。

中国同韩国关系中已出现的相互协调，也是巩固侧翼以集中精力有效实现主要目标这一政策的不可分割的一部分。考虑到朝鲜半岛的历史以及老百姓的情绪，中韩媾和本身就有助于削减日本在这一地区的潜在作用，同时也为在中国和朝鲜半岛（或许是统一的或许仍处分裂状态的）之间重新建立传统关系奠定了基础。

最为重要的是，以和平方式加强中国在这一地区的地位将有助于中国寻求实现也许是由古代战略家孙子早已确立的主要目标，即：削弱美国在本地区的实力，以至于力量锐降的美国不得不需要把在地区内发挥主导作用的中国作为其盟友，并且最终甚至需要把具有全球实力的中国当作其伙伴。中国将会寻求并实现这一目标，但其方式，又要避免造成美日扩大安全联盟的防务范围，或者美国在本地区的实力被日本的实力所取代。

为了实现这一主要目标，在短期内，中国将设法防止美日加强和扩大它们之间的安全合作。中国对于1996年初美日暗中将安全合作的范围从狭义的"远东"扩大到更大范围的"亚太"尤为警惕。中国认为这不仅是对中国利益的直接威胁，并且会由此发展成一个由美国主宰的旨在遏制中国的亚洲安全体系。（在这一安全体系中，日本将成为至关重要的关键[5]，发挥冷战时德国在北约中所起的作用。）北京方面普遍认为，美日之间的协议有助于日本最终成为主要的军事大国，也许会使日本甚至有能力单独依靠武力来解决悬而未决的经济或海洋争端。因此，中国有可能下大力气煽动亚洲国家中仍然存在的对日本在亚太地区发挥重要军事作用的强烈害怕情绪，以便牵制美国和恐吓日本。

然而，中国的战略分析认为，美国的霸权不可能持久。虽然一些中国人，特别是军方人士，往往把美国视为中国的死敌，但是北京的主流看法是，由于美国过分依赖日本，美国在亚太地区将会更加孤立，结果是美国对日本的依赖将进一步深化，但同时美日之间的矛盾以及美国对日本军国主义的担心也会加深。这将使中国有可能在美日之间纵横捭阖，如同中国在早些时候在美苏之间所作的那样。在北京看来，这样的时候将会到来。到那时美国将意识到，要继续做亚太地区有影响力的大国，美国别无选择，只能转向它在亚洲大陆的天然伙伴中国。

日本：并非地区性而是国际性的国家

因此，美日关系如何演变是中国地缘政治前途的一个十分重要的方面。自1949年中国内战结束以来，美国在远东的政策一直以日本为基础。起初日本只是美国占领军的驻地。后来，日本变成了美国在亚太地区维持政治和军事存在的基地，也是美国最重要的全球盟国。然而，日本又是一个在安全上接受美国保护的国家。中国的兴起确实提出了这样一个问题，即在地区环境发生变化的情况下，美日密切关系是否能够持久和要达到什么样的目的？在一个反华联盟中，日本的作用是显而易见的。即使如此,如果中国的崛起甚至在导致降低美国的地区主导地位的情况下仍得到某种形式的容纳的话,那么日本的作用又将如何呢?

日本同中国一样,是一个深深地感到自己有独一无二的特性和特殊地位的民族国家。日本的岛国历史,甚至帝国的神话,使勤劳而遵守纪律的日本人民把自己的生活方式看成生来就是与众不同和卓越无比的。对于这一生活方式,日本开始时以出色地把自己孤立起来的办法加以维护。后来,在19世纪受到世界冲击时,日本又向欧洲的各个帝国学习,力图在亚洲大陆创建一个自己的帝国,并以此来维护自己的生活方式。此后,第二次世界大战的灾难使日本人民把精力都集中到恢复经济这个单一的目标之上,但这样做使日本人对自己国家的更大使命感到茫然。

目前,美国对一个占主导地位的中国的害怕,使人回想起前不久对日本的偏执狂。恐华症现在取代了恐日症。仅仅在十年以前曾有人断言,日本将不可避免地立即以“超级国家”的面貌出现在世界上,日本不仅会把美国拉下马(甚至把美国买下来!),而且会把某种“日本治下的和平”强加于全世界。这样的预言曾经成为美国评论家和政治家地道的家庭手工业产品。但是,从事这种家庭手工业的,不仅仅限于美国人。不久日本人自己也热心地模仿起来,在日本炮制了一系列畅销书。他们提出种种理论,日本将在高科技竞争中战胜美国,不久后日本将成为全球“信息帝国”的中心,而美国则据说由于历史疲劳症和社会的自我放荡而正在走向衰落。

这些信口开河的分析,模糊了日本过去是,现在仍然是一个很脆弱的国家这一事实。只要在全球的资源和贸易的有序流通中哪怕是出现最轻微的混乱,日本就会遭受伤害,更不用去说当全球的总体稳定遭到冲击时日本将是何等脆弱了。日本正在经受日益暴露出来的人口、社会和政治方面国内弱点的困扰。日本既是富裕的、朝气蓬勃和经济上强大的,但同时在本地区又是孤立的。由于在安全上依赖它强大的盟国,日本在政治上受到了掣肘。那个强大的盟国恰恰既是(日本所十分依赖的)全球安全的主要维护者又是日本在经济上的主要对手。

日本一方面是受到全球尊敬的经济动力源,另一方面又是美国力量在地缘政治中的延伸。日本目前的这种地位不大可能继续被新一代日本人所接受。他们不再有第二次世界大战经历造成的精神创伤和耻辱感。由于历史和自尊心的原因,日本是个不完全满足于目前全球现状的国家,虽然日本的表达方式比中国更为克制。日本不无理由地感到它有资格被正式承认为世界大国。但它也意识到,在地区范围内有用的(而对它的亚洲邻国来说则是令人宽慰的)对美安全依赖,阻碍了对它的世界大国地位的承认。

此外,中国在亚洲大陆上力量的增长以及中国的影响不久之后可能辐射到对日本在经济上具有重要意义的海域的前景,加深了日本对自己地缘政治前途的迷茫感。另一方面,日本存在着与中国在文化和感情上的强烈认同感,以及作为亚洲人的共同潜意识。有些日本人还可能感到,一个更加强大的中国出现,具有提高日本对美国的重要性的权宜效果,因为美国在本地区至高无上的地位削弱了。在另一方面,对许多日本人来说,中国是传统的对手、昔日的敌人和对地区稳定的潜在威胁。这使日本同美国的安全联系比以前任何时候都重要。诚然,由于对日本政治和军事独立的令人烦恼的制约,一些民族主义情绪更加强烈的日本人的不满情绪在增长。

处于欧亚大陆远东的日本的形势与处于欧亚大陆远西的德国的形势，在表面上有类似之处。两国都是美国主要的地区盟国。说实在的，美国在欧洲和亚洲的力量也直接来源于同这两个国家的紧密结盟。两国都有相当可观的军事力量，但是两国在下述方面却又都不能独立自主。德国在军事上被纳入北大西洋条约组织而受制约，而日本要受自己的（虽是美国设计的）宪法条款和美日安保条约的限制。日本和德国都是贸易和财政上的动力源，都在本地区处于主导地位，在全球范围内也都是举足轻重的。两国都可算是准全球性大国，而两国都为由于没有获得联合国安理会常任理事国地位而焦躁不安。

但是，日本和德国各自地缘政治条件的不同孕育着的可能是重大的后果。德国同北约的实际关系使其同主要的欧洲盟国处于平等的地位。根据北约，德国与美国承担着正式的对等的防务义务。美日安保条约则规定，美国对日本负有防卫的义务，但并未规定（哪怕只是在形式上）使用日本的军事力量来保卫美国。这一条约实际上规定了一种保护性的关系。

更加重要的是，由于德国早已成为欧盟和北约的成员，过去曾遭受其侵略之害的邻国现在不再把它看作威胁，反而把它看作是经济和政治上值得欢迎的伙伴。有些邻国甚至还把德国看作善良的地区大国而欢迎可能出现的一个由德国领导的中欧集团。日本的亚洲邻国对日本的看法则远非如此。它们仍怀有由于第二次世界大战而对日本的敌意。日元升值是造成邻国对日本不满的因素之一。日元升值不仅引起强烈的抱怨，而且还阻碍了日本与马来西亚、印尼、菲律宾甚至与中国的和解，它们对日本的巨额长期债务中有 30% 是以日元结算的。

　　日本在亚洲不像德国在欧洲有法国那样的真正或多或少平等的地区伙伴国。毋庸讳言,日本在文化上受中国的强烈吸引,或许还夹杂着某种负疚感。但是,这种吸引力在政治上是含糊不清的,因为双方互不信任,也都不准备接受对方的地区领导地位。日本也不像德国有波兰那样的虽然弱小得多但在地缘政治上却颇为重要的邻国,而且同这一邻国的和解甚至合作已成为现实。韩国,尤其在它最终实现了和朝鲜的统一之后,或许能成为日本的波兰。但是,韩国人对昔日遭受的统治和日本在文化上自恃优越记忆犹新,这阻碍了任何社会性的真正和解。因此,日韩关系只在形式上是良好的。[6]最后,日本同俄罗斯的关系一直比德俄关系冷淡得多。俄罗斯仍然以武力占领着第二次世界大战结束时夺取的千岛群岛的南部,从而冻结了俄日关系。简而言之,日本在本地区在政治上是孤立的,而德国则并不孤立。

　　此外,德国同邻国之间存在着共同的民主原则,欧洲还广泛存在着基督教传统。德国还谋求在一个比自身更大的实体和事业即"欧罗巴"中获得认同,甚至使自己得到升华。与此形成对照的是,并不存在可与此相比拟的"亚细亚"。说实在的,尽管近些年来民主制度正在一些亚洲国家里出现,日本过去的岛国状况,甚至目前的民主制度,都往往使日本与本地区的其他国家相分离。许多亚洲国家认为日本人不但是民族利己主义的,而且过分地模仿西方,且不愿和亚洲国家一起对西方的人权观以及个人主义的重要性提出质疑。因此,尽管西方有时怀疑日本真正西方化的程度,许多亚洲人却认为日本不是真正的亚洲国家。

　　从实际情况看,虽然地处亚洲,日本却不能安然自在地成为一个亚洲国家。这种情况大大地限制了日本在地缘战略上的选择。由于实实在在的历史、政治和文化上的原因,作一个真正的地区性抉择,即日本在地区内胜过中国而居于优势地位,且其基础不再是在日本的主导下而是在日本的宽厚领导下的地区合作,看来也不可行。尤为甚者,日本仍然依赖美国的军事庇护和国际支持。废除或者逐步削弱美日安保条约将立即使日本在地区或全球动荡造成的混乱中处于极易受伤害的地位。那时,日本唯一的出路将是,或者接受中国在本地区的主导地位,或者诉诸大规模的重新武装计划。后一选择不但要花很多钱而且十分危险。

不难理解,许多日本人认为自己的国家目前的地位是不正常的,即日本既是个准全球性大国,同时在安全上却又是个被保护国。但是,能够取代现存安排的戏剧性可行方案又不明朗。如果可以说,尽管中国战略家们在具体问题上不可避免地存在着不同见解,中国的国家目标却是相当清楚的,中国地缘政治抱负在本地区的指向也相对地可以预测,那么,日本的地缘政治观则比较朦胧,日本公众的情绪也更加难以捉摸。

大多数日本人都认识到,对路线作重大而突然的战略性改变可能是危险的。在日本仍然是被怨恨的对象而中国正作为举足轻重的地区性大国崛起的地区里,日本能够发展成为一个地区大国吗? 日本应该干脆默认中国的这种地位吗? 日本能够(在各个方面)成为真正全面的全球大国而不影响美国对日本的支持也不在地区内激起对日本的更大敌对情绪吗? 美国会在任何情况下长期地留驻亚洲吗? 如果会的话,美国对中国日益扩大的影响作出的反应又将如何影响迄今为止给予美日关系的优先地位? 在冷战年代的大部分时间里,从来没有必要提出这些问题中的任何一个。而今天这些问题已经成为突出的战略问题,并在日本引起日益热烈的争论。

自从 20 世纪 50 年代以来,日本的外交政策一直在战后首相吉田茂(Shigeru Yoshida)所公布的四项基本原则的指导之下。吉田主义规定:(1)日本的主要目标应是发展经济;(2)日本的武装应该是低水平的,应该避免卷入国际冲突;(3)日本接受美国的政治领导和军事保护;(4)日本的外交应该摒除意识形态而致力于国际合作。可是,由于许多日本人对日本卷入冷战的程度感到不安,同时还虚构了半中立的概念。迟至 1981 年,伊东正义(Masayoshi Ito)外相还因为在描述美日关系时使用了"同盟"一词而被迫辞职。

现在所有这一切都已经成为过去。当时日本正在恢复中,中国搞自我孤立,而欧亚大陆则发生了两极分化。与此形成对照的是,日本的政治精英已意识到,一个在经济上融入世界之中的富裕的日本,不可能再把自我致富定为国家的主要目标而又不引起国际上的反感。再说,一个经济上强大的日本,特别是一个同美国相竞争的日本,不可能只是作为美国外交政策的延伸而同时又回避任何国际政治责任。一个政治上有更大影响的日本,特别是谋求国际承认(例如谋求联合国安理会常任理事国席位)的日本,不可能在影响世界和平的更关键的安全问题或者地缘政治问题上回避表明自己的立场。

结果,近些年来,由一些日本的政府和私人机构撰写的种种专门研究文章和报告,纷纷出笼。著名的政治家和教授们阐述日本在后冷战时代使命的著作往往引起争论,但大量出版而泛滥于世。[7]这些文章和书籍中许多对美日安全同盟的持久性和可取性进行了推测,并主张日本应该奉行更加积极的外交,特别是对华外交,或者在地区内发挥更加有力的军事作用。如果从政府间对话的情况来判断美日关系状况的话,那么有理由得出这样的结论：两国关系到 20 世纪 90 年代中期已进入了一个危机阶段。

可是，在政府政策方面，经过认真讨论提出的建议，总的来说还是比较清醒、有分寸和温和的。极端的选择方案——彻头彻尾的和平主义（带有反美味道）或者单方面大规模地重新武装（必须对宪法进行修改，并置美国和地区内的不利反应于不顾）的方案没有赢得多少人的支持。近些年来，公开的和平主义的呼吁，如果还有的话，也是越来越少了。单边主义和军国主义尽管有一些口若悬河的鼓吹者，也未能赢得多少公众的支持。大部分公众，当然还有有影响的实业界精英，已深切地意识到，这两种办法都不可能成为真正的政策选择，而只能在实际上给日本的生存和发展带来危害。

以政治为主导的公众讨论首先在日本的基本国际态势问题上提出了不同的重点，其次在地缘政治的优先次序方面也出现了一些次要的差异。粗略地说来，可以看出有三种主要的取向，也许还有第四种较为次要的取向。这些不同取向可以冠之以下列名称：不知羞耻的"美国第一"派；全球重商主义派；趋向积极的现实主义派以及国际空想派。可是，归根到底，这四派的取向都有一个相同的总的目标和同样的主要忧虑：利用与美国的特殊关系去争取全球对日本的承认，与此同时避免亚洲对日本产生敌意，并在条件尚不成熟时避免使美国的安全保护伞受损。

第一派取向的出发点是，仍应把维护目前存在的（并被确认为不对等的）美日关系作为日本地缘战略的主要核心。持这一派观点的人和大多数日本人一样希望日本在国际上赢得更大的承认并在联盟中享有更平等的地位。但是，正如宫泽喜一首相1993 年 1 月所说过的那样，他们的第一信条是"正在步入 21 世纪的世界的前景在很大程度上有赖于日本和美国……是否能够在持共同看法的基础上提供协调的领导"。这一观点在国际派政治精英中和近二十年来掌握外交决策权的机构里一直占主导地位。在中国的地区作用和美国在朝鲜半岛的存在这样的关键性地缘战略问题上,这一领导集团一直是支持美国的,但是他们也把自己的作用视为制约美国对中国采取任何对抗姿态的倾向的一个源泉。事实上,即使是这一派人士也日益倾向于强调需要建立更加密切的日中关系。他们认为,日中关系的重要性仅次于日美关系。

第二派取向并不反对日本地缘战略政策与美国一致,但是,他们认为坦率地承认和接受日本主要是一个经济大国这一事实,对日本最为有利。这一派的观点往往同传统上势力很大的通商产业省的官僚和日本最大的贸易和出口商有联系。根据这一派观点,日本的相对非军事化是一种值得保留的资产。在美国确保日本安全的条件下,日本可以自由地奉行全球性经济介入的政策,而这一政策将悄悄地提高日本在全球的地位。

在一个理想化的世界里,这第二派取向赞成奉行至少是事实上的中立主义政策,让美国去平衡中国在地区内的实力并由此去保护台湾和韩国。这样,日本能够不受牵制地进一步发展同大陆和东南亚的经济关系。可是,在现有的政治现实中,全球重商主义派接受美日同盟是一种必要的安排,包括为武装部队提供并不大的预算开支(仍然不过多超过本国国内生产总值的1%),但是他们并不热心于使这一同盟具有重大的地区性含义。

第三派是偏于积极的现实主义者,他们大都是新一代的政治家和地缘政治思想家。他们认为,日本作为富裕和成功的民主国家,既有机会也有义务使冷战后的世界与以前确实有所不同。日本也可由此而赢得全球的承认。日本有资格得到这种承认,因为它作为推进经济发展的原动力而历史性地跻身于世界少数几个真正伟大的国家之列。早在 20 世纪 80 年代,中曾根康弘(Yasuhiro Nakasone)首相就曾经预言,这样一种更强有力的日本态势将会出现。但是,在预言这一前景方面更为人所知的或许要首推 1994 年发表的颇多争议的小泽委员会报告。该委员会报告的标题颇能说明问题:《新日本的蓝图:一个民族的反思》。

该委员会是以其主席,即迅速崛起的中间派政治领袖小泽一郎(Ichiro Ozawa)的名字命名的。该报告主张应该对日本等级森严的政治文化实行民主化,并对日本的国际态势进行反思。报告要求日本成为"正常国家",建议在保持日美安全关系的同时,日本应摒弃在国际上的消极被动姿态而积极地参与到全球性的政治中去,尤其是应该在国际维和努力中起带头的作用。为此,该报告建议撤销日本宪法中对向海外派遣日本武装部队所作的限制。

对于日本成为"正常国家"的强调虽然没有明确指出但却内含这样一种想法,即日本应在更重要的地缘政治方面从美国对安全事务的包办下解放出来。鼓吹这一观点的人们往往争辩说,在有全球重要意义的问题上,日本应该毫不犹豫地代表亚洲说话,而不是自动地追随美国的领导。可是,他们在诸如中国日益增长的地区作用和朝鲜前途等敏感问题上却仍然保持那种有自己特色的含糊其辞,同他们更传统的同僚们并无多大差别。因此,在有关地区安全的问题上他们都持有迄今依然强烈的那种日本倾向,即在这两个问题上仍旧让美国去承担首要的责任,而日本仅在美国做得过头时发挥一点降温作用。

及至 20 世纪 90 年代的后半期,这种偏于积极的现实主义派倾向开始在公众思潮中占据主导地位,并且对日本的外交政策产生了影响。1996 年上半年,日本政府开始谈论日本的"独立自主外交",历来谨小慎微的日本外务省煞费苦心地把这个词翻译成为意思较含糊的(看起来也就不那么针对美国的)"偏于积极的外交"。

主张第四派取向的国际空想主义者的影响不如前三派大,但偶然也能给日本的观点注入更为理想化的言辞。这一派往往公开地同如索尼公司的盛田昭夫(Akio Morita)之类的杰出人士联系在一起。这些人士本身大大地突出了对道义上可取的全球目标作出明确承诺对日本的重要性。正因为日本不必承担地缘政治的责任,这些空想主义者常常乞灵于"全球新秩序"的概念去号召日本在为世界大家庭制定和推动一项真正的人道主义议程方面充当领袖。

所有上述四种取向,在一个关键性的地区问题上都是一致的:他们都认为,更加多边化的亚太合作的出现是符合日本利益的。随着时间的推移,这种合作将产生三种积极的效果:有助于套住(也含蓄地限制)中国;有助于把美国拖在亚洲,即便其支配地位将会逐渐地削弱;有助于减轻对日本的不满情绪,因而有助于加强日本的影响力。虽然在地区内形成一个日本的势力范围是不可能的,但是在地区内,特别是在那些对中国力量的日益增长感到不安的沿海国家里,日本获得某种程度的敬服或许还是有希望的。

所有上述四种观点也一致地认为,小心谨慎地培养同中国的友情远比对中国实行在美国领导下的直接遏制要好得多。事实上,美国领导下遏制中国的战略设想,或者甚至在日、美支持下由菲律宾、文莱和印度尼西亚等国结成抗衡中国的非正式联合体的主意,对于日本外交政策机构来说也并无太大的吸引力。在日本人看来,任何类似努力不仅要求美国在日本和韩国无限期地大规模驻军,而且由于制造了中国的地区利益和美日的地区利益之间容易起火的地缘政治重叠,可能成为会自动实现的关于将同中国发生冲突的预言。[8]其结果势必阻碍日本渐进式的解放和威胁远东的经济繁荣。

由于同样的原因,很少有人赞同采取相反的政策,即日本和中国之间大妥协。这样一种古典式的联盟关系大逆转的地区后果将是形势更加不稳定:美国将从本地区撤走;朝鲜半岛将立即被置于从属于中国的地位;日本将不得不听凭中国摆布。除了也许有少数极端主义者会欢迎以外,这不是一种诱人的前景。由于俄罗斯在地缘政治上的边缘化和在历史上受到鄙视,已无其他东西可以取代这样一个基本共识:即同美国的联系仍是日本最主要的生命线。失去了同美国的联系,日本既不可能确保稳定的石油供应,也不可能在中国的核弹(也许不久后还有朝鲜的核弹)面前保护自己。唯一真正的政策问题是,如何最恰当地运用同美国的关系推进日本的利益。

相应地,日本人根据美国的愿望一直在加强美日军事合作,包括看起来是把合作的范围从较为具体的"远东"扩大到更为广泛的"亚太方案"。1998 年年初,在复审所谓的美日防务指导方针时,日本政府也把这一方针的适用范围作了扩大,可能使用日本防卫力量的范围从"远东有事"扩大到"日本周围地区有事"。日本愿意在这个问题上向美国让步是受到下列原因的驱使:越来越怀疑美国长期驻留亚洲的能力;担心中国的崛起(和美国对这一点看起来所怀的忧虑)在将来的某个时候仍可能把一种日本所不能接受的选择强加于日本:要么站在美国一边去反对中国,要么没有美国而与中国结盟。

对日本来说,这一根本性的两难处境也包含着一种历史的必然性:由于争取成为地区性主导大国的目标行不通,而在没有地区基础的情况下要成为真正全面的全球性大国又不现实,那么,自然的结论是,日本获得全球性领袖地位的最好办法是积极参与世界范围的维和活动和经济发展。通过利用美日军事同盟保障远东稳定而又不让自己卷入反华联盟的办法,日本能稳妥地为自己确立一种独特而又有影响的全球性使命,成为推动真正国际性的、更加有效地机制化的合作的大国。这样,日本将取得类似加拿大的地位,但要比加拿大更加强大和更具全球性影响:成为一个由于建设性地运用自己的财富和力量而得到人们的尊敬,而又不使人害怕和反感的国家。

美国地缘战略的调整

美国政策的任务应为:确保日本作出上述选择,中国崛起而在本地区取得举足轻重的地位不致妨碍东亚力量的稳定三角平衡关系。努力处理好同日本与中国的关系和维持包括美国在内的稳定的三方间相互作用关系,这对于美国的外交技能和政治想象力将是严峻的考验。消除过去那种认为日本的经济上升会导致所谓威胁的成见和消除对中国的政治能量的恐惧心理,有助于给必须奠基于仔细的战略估算的政策注入冷静的现实主义。这种估算是:如何把日本的能量纳入国际方向和如何把中国的力量引入区域性妥协。

只有这样,美国才能在欧亚大陆的东部形成相当于欧洲在欧亚西端的一个协调的地缘政治结构,即建立在共同利益基础之上的地区力量结构。可是,同欧洲情况不同的是,在东部大陆不会很快出现民主的桥头堡。相反,美国同日本在远东重新确定了方向的同盟必须成为美国同在该地区举足轻重的中国之间实行妥协的基础。

从本章前两节所作的分析中可以得出若干对于美国来说是重要的地缘战略结论。

有关中国是下一个全球性大国的这样一种流行的看法孕育着反对中国的偏执狂,并在中国内部培育着妄自尊大的思想。对于中国将肯定成为下一个全球性大国的恐惧,往好处说,是为时过早,往坏处说,则可能会成为自行实现的预言。因此,组织一个旨在遏制中国上升为全球性大国的联盟会产生消极的后果。那样做只会确保一个在地区内有影响的中国变得敌对。同时,任何这种努力都会使美日关系趋于紧张,因为大多数日本人可能会反对这样一个联盟。根据这一情况,美国应该不再压日本在亚太地区承担更大的防务责任。这种努力只会妨碍稳定的日中关系的出现,同时还会使日本在本地区进一步陷于孤立。

但是,正因为中国事实上不可能很快成为一个全球性大国,也正因为如此,对中国实行地区遏制的政策不明智,把中国作为全球性的重要棋手来对待才可取。把中国拉进更广泛的国际合作之中并赋予它所渴望的地位,能收到钝化中国民族雄心的尖利锋芒的效果。朝此方向可采取的一个重要步骤是,吸收中国参加世界主要国家七国集团每年一度的首脑会议,特别是既然俄罗斯已被邀请参加,就更应让中国参加。

　　不管表面现象如何,实际上中国并无很大的战略选择余地。中国持续的经济成功严重依赖西方资本和技术的流入和外国市场的准入。正是这一点严重地限制了中国的选择。中国同一个不稳定而且贫困的俄罗斯结盟,是不可能拓宽自己的经济或地缘政治前景的(而对俄罗斯来说,这将意味着从属于中国)。即使玩这种主意对中、俄双方都有点儿策略上的诱惑力,但这毕竟不是一项可行的地缘战略选择。援助伊朗和巴基斯坦,对中国来说具有更直接的地区和地缘政治上的意义,但也不可能以此作为认真谋取全球性大国地位的出发点。如果中国感觉到,美国(在日本的支持下)在阻挠其实现民族的或地区的抱负的话,那么组织"反霸"联盟可能成为最后的抉择。但是,那将是个穷困国家的联盟,在相当长的时间内,它们将继续一起贫困下去。

　　大中华作为地区性主导大国正在崛起。既然如此,这个大中华可能试图把自己的意志强加于邻国,而这可能导致地区的不稳定;或者大中华也许会沿袭昔日中华帝国的历史传统而满足于较为间接地施展其影响。将来出现的是霸权主义的势力范围还是较模糊的受敬服的范围,部分地要取决于中国政权专断的程度,部分地也取决于起关键作用的外部棋手,最主要是美国和日本对大中华的出现作出反应的方式。简单的绥靖政策会怂恿中国采取更加过分自信的姿态,但仅仅采取阻拦大中华出现的政策,也可能导致类似的结果。在某些问题上采取审慎的让步政策,在另一些问题上则采取(对中国的行动)划出准确界限的政策,或许能够避免发生上述两种极端的情况。

　　无论如何,在欧亚大陆的一些地区,大中华可能发挥同美国在一个稳定而政治上多元化的欧亚大陆方面的大地缘战略利益相匹配的地缘政治影响。例如,中国对中亚日益增加的兴趣势必会限制俄罗斯谋求在莫斯科控制下实现任何形式的政治重新一体化的行动自由。与此相关及在有关波斯湾的问题上,中国对能源的日益增长的需求,决定了中国将在保持自由进入产油地区以及产油地区的政治稳定方面与美国具有共同利益。同样,中国支持巴基斯坦抑制了印度企图使巴基斯坦从属于印度的野心,并可抵消印度在阿富汗和中亚问题上同俄罗斯合作的意向。最后,中国和日本参与东西伯利亚的开发也同样有助于促进地区的稳定。应该通过持续的战略对话来探索这些共同利益。[9]

也有一些中国的雄心可能同美国的(还有日本的)利益发生冲突的地区,尤其是中国如果将运用历史上更惯用的强硬策略去实现这些雄心的话。这点特别适用于东南亚、中国台湾和朝鲜。

东南亚从其潜力来看,是太富有了,地理上也太辽阔了,总而言之是太大了,因此,即使是一个强大的中国也不易使东南亚屈从于己。但是,东南亚又太软弱、政治上也过于四分五裂,因此,不能不成为一个至少是中国受敬服的地区。随着中国力量的壮大,中国的地区影响势必增长。虽然许多事情取决于中国如何运用它的力量,但直接反对中国或者卷入像南中国海争端一类的问题是否符合美国的特殊利益尚不清楚。中国人在微妙地处理不对称的关系方面已经积累了相当丰富的历史经验。进行自我克制以免引起本地区的恐惧肯定是符合中国的自身利益的。那种恐惧心理可能导致产生一个地区的反华联盟(在印尼和澳大利亚间刚开始的军事合作中,这种倾向已初露端倪),而这种联盟很可能向美国、日本和澳大利亚寻求支持。

一个大中华,特别在香港回归之后,几乎可以肯定会更加起劲地寻求实现台湾与大陆的重新统一。充分认识这样一个事实是十分重要的:中国从来没有默认过台湾的无限期分离。因此,在将来的某个时候,这个问题会酿成美国同中国迎头相撞的冲突。其后果对有关各方都将是非常有破坏性的:中国经济发展前景将受挫;美日关系将十分紧张;美国在欧亚大陆东部建立稳定的力量均势的努力将翻车。

相应地,在这个问题上对等地取得并维持最大透明度是十分必要的。即使在可预见的将来可能还缺乏有效地胁迫台湾的手段,北京方面仍必须懂得并信服,美国如果默认使用军事力量强行统一台湾的尝试,那么美国在远东的地位将受到毁灭性的破坏,因此,如果台湾那时候无力保护自己的话,美国决不能在军事上无所作为。

换句话说,美国将不得不进行干预。但那并不是为了一个分离的台湾,而是为了美国在亚太地区的地缘政治利益。这是个重要的区别。一个分离的台湾本身对美国来说并无任何特殊利益。事实上,美国官方的立场一直是,而且应该继续是,只有一个中国。但是,中国统一台湾的方式可能触犯美国的根本利益,中国必须清楚地认识到这一点。

台湾问题也给美国在同中国打交道时提出人权问题提供了合法理由,中国没有道理指控美国干涉其内政。完全可以向北京重申,只有在中国更加繁荣发达和更加民主之后才能实现统一。不管如何,为了台湾而更加尊重人权是符合中国的利益的。美国在这种背景下提出人权问题也是恰当的。

与此同时,美国必须信守对中国的许诺,避免直接或间接地支持任何在国际上提高台湾地位的行动。在 20 世纪 90 年代,美台间的某些官方接触给人以这样的印象:美国在心照不宣地开始把台湾当作一个独立的国家来对待。中国对此表示愤慨是可以理解的。中国对台湾官员加紧争取国际上承认台湾分离地位的活动表示不满,也同样是可以理解的。

因此,美国不必羞羞答答而应该明确地表示,如果台湾人试图改变早已确定和有意含糊对待的海峡两岸关系,将使美国对台态度受到有害影响。再者,如果中国确实繁荣发达起来而且实现了民主化的话,如果中国在香港回归之后没有出现在公民权利方面的倒退的话,那么,美国鼓励海峡两岸就最后统一的条件进行认真的对话,也将有助于在中国国内制造扩大民主化的压力,同时将促进美国和大中华之间实现更加广泛的战略妥协。

地处东北亚的地缘政治支轴国家韩国,有可能再一次成为中美争执的根源,而且它的前途也将直接影响美日关系。只要朝鲜半岛继续分裂下去,而且在不稳定的北方和日益富裕的南方之间继续存在着爆发新的战争的可能性,美军就必须继续留驻在朝鲜半岛。美国单方面撤军不仅可能引发新的战争,而且很可能标志着美国在日本的军事存在的结束。在美国抛弃了韩国之后,很难设想日本人会继续依靠部署在日本领土上的美军。最可能的后果将是,日本将迅速地重新武装,并因此导致整个地区的广泛动荡。

不过朝鲜的重新统一也可能会造成地缘政治上的严重困境。如果美军将继续留驻在统一后的朝鲜,就不可避免地会被中国人看作是针对中国的。事实上,中国人是否会默认这种情况下的朝鲜统一是个大疑问。如果统一分阶段进行的话,包括所谓的软着陆,中国会从政治上进行阻挠并支持朝鲜那些仍然反对统一的人。如果朝鲜是在北方"强行着陆"的情况下通过暴力统一的,那么,甚至不能排除中国进行军事干涉的可能性。在中国人看来,只有在统一不同时成为美国力量(由日本在背后作为跳板)的直接延伸这种情况下,朝鲜的统一才是可以接受的。

可是,一个统一的、没有美军驻扎在其领土之上的朝鲜很可能首先在中、日之间搞某种形式的中立,然后,部分地受虽是残存却仍强烈的反日情绪的驱动而逐渐地倾向中国,或者被置于中国的政治影响范围之下,或者进入某种更加微妙的敬服中国的范围。到那时将出现这样的问题:日本是否仍然愿意充当美国力量在亚洲的唯一基地。至少这个问题将在日本国内政治中引起最严重的分裂。因此而造成的美国远东军事活动范围的任何收缩,都将使维持稳定的欧亚大陆力量均势更加困难。上述种种考虑,加强了美日在朝鲜维持现状的利益(诚然各自出发点略有不同)。若现状就是得改变,也得非常缓慢地分阶段前进,最好是在深化美中地区妥协的环境下进行。

与此同时,日韩间的真正和解将为朝鲜的任何最终统一提供更为稳定的地区环境而作出重要贡献。日韩间的真正和解将缓解由于朝鲜重新一体化所带来的种种复杂的国际问题,并导致在两国间建立日益具有合作性质和约束力的政治关系。美国在促进这一和解方面能够发挥关键性的作用。许多首先被用于推进德—法和解,后来又被用于推进德国和波兰和解的具体步骤(例如,从提出联合大学方案直到建立联合军团)也可在这里适用。全面且有利于地区稳定的日韩伙伴关系,反过来也许使美国甚至在朝鲜统一之后也更容易在远东继续存在下去。

同日本保持密切的政治关系符合美国的全球地缘战略利益,这一点几乎是不言而喻的。但是,日本是否成为美国的附庸、对手或者伙伴,则取决于美国人和日本人是否有这样的能力,即更加明确地阐述两国应寻求的共同国际目标,更加清楚地划分美国在远东的地缘战略使命和日本所希望扮演的全球角色之间的界线。对于日本来说,尽管国内对日本的外交政策有争论,但同美国的关系依然是主导它的国际方向感的主要灯塔。日本迷失方向,或者走上重新武装道路,或者单独同中国搞妥协,都会导致美国在亚太地区的作用寿终正寝,并将排除美、日、中在地区内稳定的三角安排出现的可能性。这也将排除在整个欧亚大陆建立由美国安排的政治均势的可能性。

简而言之,一个迷失方向的日本,犹如一条在沙滩上搁浅的鲸鱼:无助地四处拍打,十分危险。这将破坏亚洲的稳定,却不能提供可以取代所需的美、日、中稳定均势的另一种可行的选择。美国只有通过同日本的密切联盟才能适应中国的地区抱负,并制约其表现。只有在此基础之上,才能构筑一种错综复杂的三方相互适应的关系。这种关系涉及美国的全球力量,中国在地区里举足轻重的地位和日本的国际领导地位。

根据前述情况可以得出如下结论,在可以预见的将来,削减美军在日本(并由此延伸到韩国)存在的现有水平是不可取的。可是出于同样的原因,任何在重要意义上扩大日本军事努力的地缘政治范围和实际规模,也是不可取的。在令人不安地迷失战略方向的情况下,美国大规模的撤军很可能引起日本推出大规模武装的计划,而美国压日本担当更大的军事作用只能损害地区稳定的前景,阻碍在更广泛的区域范围同大中华达成妥协,导致日本不再承担更具建设性的国际使命,并因此使在整个欧亚大陆推进稳定的地缘政治多元化的努力变得更加复杂。

还有一条合乎逻辑的结论是,如果日本不再面向亚洲而是面向全世界的话,必须给它有意义的鼓励和某种特殊的地位,以较好地照顾日本的民族利益。中国可以首先成为地区大国,而

后再谋求成为全球性大国。日本则与中国不同,它可以用回避
追求地区大国地位的办法来赢得全球性影响。但是,这使日本
更有必要认识到日本是美国在全球使命中的特殊伙伴。而这一
全球使命使日本在政治上感到满足,在经济上有利可图。为此
目的,美国应当考虑缔结一项美日自由贸易协定,以开创美日的
共同经济空间。这一步骤把美日之间日益增长的经济联系正式
固定下来,并为美国在远东的继续存在和日本建设性地参与全
球事务提供地缘政治基础。[10]

　　结论就是,对美国来说,在建立日益具有合作性和渗透性的
全球合作体制中,日本应该成为美国的第一位重要伙伴;而在以
向中国举足轻重的地区性地位挑战为目标的任何地区安排中,
不是主要依靠日本作为美国的军事同盟国发挥作用。实际上,
日本应该是美国在处理世界事务新议程中的全球性伙伴,地区
内举足轻重的中国则应该成为美国的远东之锚,由此促使欧亚
大陆出现一种力量均势。在这个方面欧亚大陆东部的大中华与
欧亚大陆西部日益扩大的欧洲,作用同等重要。

注　释

　　1. 据中国计量经济和技术研究所 1996 年发表的题为《走向 21 世纪的中国经济》的较乐观的报告估计,2010 年中国的人均收入将达约 735 美元,或比世界银行界定的低收入国家高出 30 美元不到一点。

　　2. 据 1994 年 9 月 25 日的《亚洲周刊》(Asiaweek),东南亚 500 家最大的华人拥有的公司的资产合计约为 5 400 亿美元。其他的估计数更高:1996 年 11/12 月号《国际经济》(International Economy)报道说,5 000 万海外华人的年收入约与上述数字相同,因而,大约与中国大陆的国内生产总值大体相当。据说,海外华人控制了 90% 的印尼经济,75% 的泰国经济,50%—60% 的马来西亚经济,以及新加坡的全部经济,有人对这种情况表示担忧。一个前印尼驻日本大使甚至因此公开警告说,"中国正在本地区进行经济干预",这不仅可能利用中国在本地区的存在,而且甚至会导致出现中国出资支持的"傀儡政府"(见

Saydiman Suryohadiprojo，"How to Deal with China and Taiwan，" *Asahi Shimbun*［Tokyo］，September 23，1996）。

3. 1997 年 3 月 31 日曼谷的英文报纸《民族报》(*The Nation*)发表的有关差瓦立(Chavalit Yongchaiyudh)总理访问北京的报道反映了这方面的苗头。这次访问的目的被称为是与"大中华"建立牢固的战略同盟。据称，泰国领导已"承认中国是一个具有全球性作用的超级大国"，并表示泰国愿意成为"中国和东盟之间的桥梁"。新加坡在强调与中国认同方面走得更远。

4. 参见 Song Yimin，"A Discussion of the Division and Grouping of Forces in the World After the End of the Cold War，" *International Studies* (China Institute of International Studies，Beijing)，6-8(1996):10。她对美国的这一分析代表了中国最高领导的看法。发行量很大的中国共产党的正式机关报《人民日报》1996 年 4 月 29 日发表了这一分析的简述。

5. 对美国据称欲建立这种反华亚洲体系的意图的详尽分析，参见 Wang Chunyin，"Looking Ahead to Asia-Pacific Security in the Early Twenty-first Century，" Guoji Zhanwang(World Outlook)，February 1996。

中国的另一位评论家争辩说，美日安全安排已经从遏制苏联势力的"防御之盾"变为针对中国的"进攻之矛"(见 Yang Baijiang，"Implications of Japan-U.S. Security Declaration Outlined，" Xiandai Guoji Guanxi［Contemporary International Relations］，June 20，1996)。1997 年 1 月 31 日，中国共产党的权威性机关报《人民日报》发表题为《加强军事联盟不符合时代潮流》的文章。文章把美日军事合作范围的再定义斥为"危险的举动"。

6. 1997 年 2 月 25 日《日本文摘》(*The Japan Digest*)报道，根据一次政府主办的民意测验，只有 36% 的日本人对韩国怀有友好感情。

7. 比如，首相顾问班子通口委员会 1994 年夏天发表的报告，提出了"日本安全政策的三大支柱"，既强调美日安保关系的首要性，也主张进行亚洲多边安全对话；1994 年的小泽委员会报告"新日本的蓝图"；1995 年 5 月《读卖新闻》(*Yomiuri Shimbun*)的"全面的保安政策"要点，其中提出要在海外为维和使用日本的军事力量；1996 年 4 月日本的公司经理协会在富士银行思想库的协助下撰写的报告提出要求美日防务体制应该更加平等和均衡；1996 年 6 月日本国际事务论坛向首相提出的题为"亚太地区安全体制的可能性和作用"的报告；还有在过去几年里出版的许多书籍和文章，往往有更多的争辩，提出的建议也更加极端，而且比上述大多代表主流的报告得到西方传媒更广泛的引用。例如 1996 年由一名日本将军编的书竟推断在某些情况下，美国会无力庇护日本，因此日本应该扩大自己的国防能力。此书引起报刊广泛评论。(见 General Yasuhiro Morino，ed.，*Next Generation Ground Self-Defense Force*，以及相关评论见"Myths of the U.S. Coming to Our Aid," *Sankei Shimbun*,
March 4，1996。)

8. 有些保守的日本人受到日本和台湾特殊关系设想的诱惑曾在 1996 年
成立"日台议员协会"，以推进这个目标。中国对此作出了意料之中的敌对
反应。

9. 我在 1996 年同中国国家安全和防务方面的最高级官员的会晤中，认清
了如下一些作为这种对话基础的共同的战略利益（有时有意地用含糊的提
法）：(1)一个和平的东南亚；(2)在解决近海问题中不使用武力；(3)和平统一
中国；(4)朝鲜的稳定；(5)中亚的独立自主；(6)印巴间之均势；(7)经济上充满
活力和国际上善良的日本；(8)一个稳定但是不太强大的俄罗斯。

10. 库尔特·董（Kurt Tong，"Revolutionizing America's Japan Policy,"
Foreign Policy，Winter，1996-1997)为这一计划作出了有力的论述，并指出了
这一计划在经济上的互利性。

第七章　结　　论

现在该是美国为整个欧亚大陆制定和实施一项完整、全面和长期的地缘战略的时候了。这一需要产生于两大根本现实之间的相互作用：美国是目前唯一的全球性超级大国，而欧亚大陆是全球的中心舞台。因此，欧亚大陆力量分配的变化，对美国在全球的首要地位和美国的历史遗产，都将具有决定性的重要意义。

美国在全球的首要地位，就其范围和性质而言，都是独一无二的。它是一种新型的霸权，反映了美国民主制度的众多特点：多元性、渗透性和灵活性。美国在不到一个世纪的时间内获得了这一霸权，其主要的地缘政治表现是美国在欧亚大陆所发挥的前所未有的作用。迄今为止，以往所有的全球性大国地位争夺者都来自这一大陆。美国现在则是欧亚大陆的仲裁者。欧亚所有的重大问题，没有美国的参与或有悖于美国的利益，都无法得到解决。

美国如何巧妙地处理同欧亚棋盘上的重要地缘战略棋手的关系，以及美国如何同欧亚大陆那些关键性的地缘政治支轴国

家打交道,这对于美国长久和稳固地保持其在全球的首要地位
是至关重要的。在欧洲,最主要的棋手仍将是法国和德国。美
国的中心目标应是加强和扩大在欧亚大陆西部现有的民主阵
地。在欧亚大陆的远东地区,中国可能将越来越重要。除非美
中两国能成功地就地缘战略达成共识,否则美国在亚洲大陆将
失去政治立足点。欧亚大陆的中部,即在日益扩大的欧洲和在
地区内日益崛起的中国之间,将仍是一个地缘政治的黑洞。至
少在俄罗斯内部围绕后帝国时期自我定位的争斗见分晓之前这
一状况不会改变。而俄罗斯以南的地区,即欧亚大陆的巴尔干,
则有可能成为种族冲突和大国角逐集中的场所。

在这种情况下,在今后一段时间内,或者说在一代人以上的
时间内,不可能有任何单个国家向美国的世界首要大国地位提
出挑战。国家实力有四个主要方面,即军事、经济、技术和文化。
它们合在一起造成决定性的全球政治影响力,而在这四个方面
没有任何一个民族国家能与美国相比拟。除非是美国故意或者
是无意中放弃了它的领导地位,否则在可预见的将来,唯有国际
的无政府状态可能实际取代美国的全球领导地位。在这方面,
断言美国已成为克林顿总统所说的世界上"不可替代的国家"是
正确的。

在这里,重要的是既要强调美国不可替代这一事实,也要强
调世界陷入无政府状态的现实可能性。一旦现存的那种以民族
国家为基础的地缘政治的框架自行崩溃,人口爆炸、贫困导致的
移民、急剧的城市化、种族和宗教的敌对,以及大规模毁灭性武
器的扩散造成的破坏性后果就将无法控制。如果没有美国持续
和有针对性的介入,不用多久全球动乱的力量就会主宰世界舞
台。不论是在当前欧亚大陆还是在整个世界上出现的地缘政治

紧张形势中,都包含着现存框架发生这种崩溃的可能性。

人类生存条件更加普遍恶化的前景,有可能进一步加剧上述给全球稳定带来的风险。特别是在世界上那些比较贫困的国家里,人口爆炸以及同步发生的人口的城市化迅速产生的不仅是大量的贫困人口,而且特别是数以亿计的越来越不安分守己的失业的青年人。他们的失落感正相应地急剧上升。现代化的通信手段强化了他们与传统权威的决裂,同时也使他们越来越意识到和不满于世上的不平等。他们因此也就更加易于受极端思想的鼓动。一方面,日益发展的人数已达数千万的全球移民现象可能成为一个暂时的安全阀。但是另一方面,移民现象又有可能成为种族和社会冲突跨洲传播的工具。

因此,动荡不安、紧张局势以及至少是不时发生的暴力行动,有可能冲击美国所继承的管理全球的作用。美国霸权所造就的一个没有战争威胁的、复杂的国际新秩序,可能会局限于世界的一些地区。在这些地区,美国的权力通过民主的社会政治体制,以及也由美国主导的各国间精细的多边框架得到加强。

因此,美国对欧亚大陆的地缘战略将同各种动乱势力进行较量。在欧洲,有迹象表明一体化和扩大化的势头正在减弱,欧洲传统的民族主义不久可能会重新抬头。即使在最成功的欧洲国家中,大规模的失业现象也长期存在,导致人们的排外情绪。这可能会使法国或德国的政治突然转向严重的极端主义和内向的沙文主义,甚至的确可能正在营造一种真正的革命前的形势。只有当欧洲的统一愿望得到美国的鼓励甚至支持的时候,本书第三章中概述的欧洲历史性时间表才能得以实现。

俄罗斯的前途有更多的不确定性。它发生积极演变的前景更加微弱。因此美国有必要营造一种地缘政治状况,以便把俄罗斯吸收进不断发展的欧洲合作的大环境,并促进它新近获得主权的各邻国独立自主。然而,像乌克兰或乌兹别克斯坦这样的国家(且不说两大民族并存的哈萨克斯坦)独立生存的能力仍然是不确定的。特别是如果由于欧洲发生新的内部危机、土耳其和欧洲日益拉大距离,或者美国与伊朗的敌对日益加剧等因素导致美国的注意力他移的话,它们独立生存的能力就更不确定了。

如果今后台湾问题发生危机,或者中国国内政治的发展促使中国出现一个咄咄逼人的政府,或者仅仅由于美中关系恶化,都有可能使最终同中国达成大和解的潜在可能性夭折。那时,中国将成为世界上极不稳定的力量,给美日关系带来极大的制约,或许还将使日本本身在地缘政治上迷失方向而造成破坏性影响。在这种情况下,东南亚的稳定必将受到威胁。同时,人们还可以想象局势中的这一系列事件会对印度这一对南亚稳定起关键作用的国家的态势和内聚力产生何种影响。

这些分析提醒人们,如果无处不在的全球力量的地缘政治结构开始破裂的话,那么,无论是超越民族国家范围的新型全球问题,还是人们关注的更为传统的地缘政治问题,都不可能解决或受到遏制。在整个欧洲和亚洲大陆出现了种种警告迹象的情况下,美国的政策要获得成功,就必须集中注意整个欧亚大陆,并以地缘战略方针为指导。

欧亚大陆的地缘战略

制定所需政策的出发点,必须是对目前规定世界事务的地

缘政治状况的三个前所未有的条件的清醒认识:有史以来第一
次,(1)只有一个国家才是真正的全球性大国;(2)一个非欧亚国
家是世界上唯一地位突出的国家;(3)欧亚大陆这个世界的中心
舞台被一个非欧亚大国所主导。

然而,一项全面、完整的欧亚地缘战略的基础又必须是认识
到美国有效实力的局限性,以及随着时间推移美国实力不可避
免的减弱。正如本书在前面已指出的,正是欧亚大陆的辽阔和
多样性,以及这一大陆中某些国家的潜在实力,限制了美国影响
力的深度及其对形势发展控制的程度。这一条件有助于对地缘
战略进行深入的考虑,并有助于有目的地在欧亚这个大棋盘上
有选择地部署美国的资源。既然随着时间的推移,美国前所未
有的实力势必减弱,那么当务之急必须是以不威胁到美国在全
球的首要地位的方式处理好其他地区大国的崛起问题。

如同下棋一样,美国的全球策划者必须预先设想下几步棋,
并预想到对手可能采取的反攻步骤。因此,一项可持续实施的
地缘战略必须区分出短期前景(今后五年左右)、中期前景(二十
年左右)和长期前景(超过二十年)。此外,不应把这些阶段看作
相互完全隔离的块块,而应将它们视为一个不可分割的整体的
组成部分。应从第一阶段逐步、始终不渝和目的明确地进入第
二阶段,然后,经由第二阶段最终导致第三阶段。

短期内,在欧亚大陆的地图上加强和永久保持地缘政治普
遍的多元化符合美国的利益。这促使人们重视纵横捭阖,以防
止出现一个最终可能向美国的首要地位提出挑战的敌对联盟,
且不说防止任何一个特定国家试图向美国挑战的微弱的可能
性。在中期内,上述考虑应逐步让位于更加重视若干地位日益
重要、战略上又相互协调的伙伴国家的出现。它们在美国领导

作用的带动下,可能会出力帮助构筑一个更为合作的跨欧亚安全体系。在更长远的时间里,上述状况可能将最终导致产生一个真正分摊政治责任的全球核心。

当务之急是确保没有任何国家或国家的联合具有把美国赶出欧亚大陆,或大大地削弱美国关键性仲裁作用的能力。然而,不应把跨洲际的地缘政治多元化的加强本身视为目的。这只不过是实现在欧亚重要地区建立真正战略伙伴关系的中期目标的手段而已。民主的美国不可能愿意以军事资源为后盾,纵横捭阖而永久地卷入管理欧亚事务的艰难、费时和高代价的任务,以防止任何一个大国主导欧亚地区。因此,不论从逻辑上还是从意图上说,第一阶段都必须发展到第二阶段。在第二阶段内,宽容的美国霸权的存在仍会阻止其他国家提出挑战。阻止的方法不仅是使向美国挑战的代价太高,而且是使美国霸权并不威胁到欧亚潜在的雄心勃勃的地区大国的根本利益。

中期目标具体要求的是培育真正的伙伴关系。主要是与更加团结一致和政治作用业已界定的欧洲和地区强国中国,与(人们希望看到的)后帝国时期更加面向欧洲的俄罗斯,以及与地处欧亚南翼发挥地区稳定作用的民主印度的伙伴关系。然而,同欧洲和中国分别建立更广泛的战略关系这一努力的成败,确实将决定俄罗斯今后作用的环境。俄罗斯的作用也许是积极的,也许是消极的。

顺理成章的是,扩大的欧洲和北约将十分有助于美国实现其政策的短期和长期目标。扩大的欧洲将会扩大美国影响力的范围——通过吸收中欧新成员国,通过在欧洲委员会内增加亲美成员国——而不必同时建立一个政治上过分一体化的欧洲,避免这样一个欧洲不久就可能在其他地方的重大地缘政治问题上，特别是在中东问题上，向美国提出挑战。一个政治上经过界定的欧洲对于逐步将俄罗斯吸收进全球合作体系也是至关重要的。

应该承认，光靠美国自身的力量无法造就一个更为团结的欧洲。那是要靠欧洲人，特别是法国人和德国人才能做成的事情。但是美国却可以阻挠一个更为团结的欧洲的出现。而那会给欧亚大陆的稳定，以及美国自身的利益带来灾难性后果。的确，欧洲如果不是变得更加团结，就有可能再次变得更加分裂。因此，如同已经指出的那样，美国必须同法、德密切合作，以寻求建立一个充满政治活力的欧洲，一个继续与美国联系在一起的欧洲，一个扩大合作的国际民主体系的范围的欧洲。问题不在于在法、德之间作出抉择。不管是缺了法国还是德国，都不会有欧洲。而没有了欧洲，就不会有跨欧亚体系。

就具体问题而言，要实现上述目标，美国需要逐步照顾到他国关于分享北约领导权的想法，更多地认可法国关于欧洲不仅在非洲还要在中东发挥作用的考虑并继续支持欧盟的东扩，不论欧盟是否在政治、经济上成为更加自以为是的全球性角色。[1]大西洋两岸国家一些有威望的领导人提出的一项跨大西洋的自由贸易协议，也可缓解更加团结的欧洲和美国之间发生日益加剧的经济竞争的危险。不管怎么说，欧盟果真最终能够成功地把几世纪之久的民族主义敌对情绪，连同其在全球的破坏性后果统统埋葬掉，那么，美国目前作为欧亚大陆仲裁人的决定性作用逐步受到某种程度的削弱也是值得的。

北约和欧盟的扩大将有助于重振欧洲自身日益减退的宏大使命感。与此同时，还可加强因冷战的胜利终结而获取的民主成果。这一点对美国和欧洲都是有利的。受这种努力影响最大的莫过于美国同欧洲的长期关系。一个新的欧洲仍处于形成的过程之中。如果这个新的欧洲在地缘政治上仍然是"欧洲—大西洋"范围的一部分,那么,北约的扩大是十分必要的。同样的,既然人们已作出了承诺,那么北约东扩的失败将会使扩大欧洲的想法夭折,使中欧地区的人们大为灰心,甚至会使俄罗斯对中欧地区目前已暂时收敛或奄奄一息的地缘政治抱负死灰复燃。

的确,由美国领导的扩大北约努力的失败甚至会重新唤起俄罗斯更大的野心。尚无迹象表明俄罗斯的政治精英们同欧洲人一样支持美国的强大和持续的政治军事存在,而历史的记载更是与此截然相反。因此,虽然同俄罗斯建立日益密切的合作关系显然是可取的,美国对俄罗斯明确阐明其在全球的优先考虑也十分重要。如果必须在一个更广泛的欧洲—大西洋体系和一个较好的对俄关系之间作出抉择的话,那么前者无疑对美国更为重要。

鉴于这一原因,就北约东扩问题同俄罗斯达成的任何妥协都不应带来使俄罗斯成为北约事实上的决策成员国的结果。那样的话,只会淡化北约具有的欧洲—大西洋特性,同时使新成员降为二等公民。那将给俄罗斯造成机会,使它不仅重新努力获取在中欧的势力范围,还会利用它在北约的存在,利用美欧分歧以削弱美国在欧洲事务中的作用。

同样重要的是,随着中欧国家加入北约,对俄罗斯作出的任何有关该地区新的安全保证都应是真正对等的,因此也是相互确保的。限制在新成员国的国土上部署北约的部队和核武器,可以是减少俄罗斯合法关注的重要因素,但是与此相对应的是,俄罗斯应就加里宁格勒这一具有潜在战略威胁的突出地区的非军事化作出保证,同时俄罗斯应限制在北约和欧盟新成员国的边界附近部署大量部队。尽管俄罗斯所有新近独立的西部邻国都急于同俄罗斯发展稳定和合作的关系，实际情况是，出于可以理解的历史原因，它们对俄罗斯仍旧怀有恐惧感。因此，对北约和欧盟与俄罗斯之间出现的和解，所有欧洲国家都会表示欢迎，并将其视为俄罗斯最终作出了令人欢迎的后帝国的倾向欧洲的抉择。

这种选择有利于为提高俄罗斯的地位和尊严作出更广泛的努力。吸收俄罗斯成为七国集团的正式成员，以及提高欧洲安全与合作组织的决策机构（在其中可建立一个由美国、俄罗斯和几个重要欧洲国家组成的特别安全委员会）的级别，将为俄罗斯以建设性方式参与欧洲的政治和安全建设提供机会。这种做法，加上西方对俄罗斯的财政援助，以及更加雄心勃勃的、把俄罗斯和欧洲更紧密地联在一起的新高速公路和铁路网方案的制定，将把赋予俄罗斯所作赞同欧洲的选择实质性内容的进程大大向前推进。

俄罗斯在欧亚大陆的长远作用将基本取决于俄罗斯在界定自身地位方面必须作出的历史性选择。在 20 世纪 90 年代，俄罗斯也许仍然处于选择的过程中。即使欧洲和中国都能扩大各自的地区影响辐射范围，俄罗斯仍将是世界上最大一块领土的主人，其领土横跨十个时区，面积比美国或中国都大一倍，即使扩大了的欧洲也不能与之相比。因此，对俄罗斯来说，关键的问题并不是领土的丧失。有巨大版图的俄罗斯不得不认真对待并正确理解的现实是：欧洲和中国已经在经济上比它更强大，而且中国还可能在实现社会现代化的道路上走得更快。

在这种情况下，俄罗斯的政治精英们应更明确地认识到：俄罗斯的优先目标是自身的现代化，而不是徒劳地谋求重获它过去的全球性大国地位。鉴于俄罗斯辽阔的面积和多样性，一种在自由市场基础上建立起来的权力分散的政治制度可能更有利于发挥俄罗斯人民和俄罗斯丰富自然资源的潜力。再说，把这样一个权力更为分散的俄罗斯动员起来去实现帝国野心也不那么容易。由一个欧洲的俄罗斯、一个西伯利亚共和国和一个远东共和国组成的松散邦联制的俄罗斯也更容易同欧洲、新的中亚国家和东方建立更密切的经济关系，并加速俄罗斯本身的发展。组成邦联的三个实体将能更好地发掘本地的创造潜力。这种潜力几个世纪以来一直被莫斯科沉重的官僚统治所扼杀。

如果美国能成功地执行其俄罗斯战略的第二个必要环节，俄罗斯就更可能作出赞同欧洲而不谋求成为帝国的明确选择。这第二个环节就是强化在后苏联空间内无处不在的地缘政治多元化趋势。加强这种趋势有助于抑制帝国野心的诱惑力。一个后帝国的、倾向欧洲的俄罗斯应当确认，美国为上述目的作出的努力有助于巩固地区的稳定和减少沿俄罗斯不稳定的南部新边界发生冲突的可能性。但是，加强地缘政治多元化的政策不应以同俄罗斯建立友好关系为先决条件。在不能发展同俄罗斯的友好关系的情况下，这种政策是一种重要的保障，因为它可起到阻止任何确实具有威胁性的俄罗斯帝国政策重新出现的作用。

因此，对重要的新独立国家的政治和经济支持是更大的欧亚战略不可分割的组成部分。这项政策一个极其重要的内容是：使乌克兰作为主权国家的地位得到加强，同时乌克兰将重新把自己确定为一个中欧国家并谋求同中欧更密切地结合在一起。同样重要的是，与阿塞拜疆和乌兹别克斯坦这种战略地位重要的国家建立更密切的关系，并且作出更广泛的努力，使中亚国家不顾俄罗斯的阻挠而向全球经济开放。

向日益开放的里海—中亚地区进行大规模的国际投资不仅有助于加强这一地区新建立国家的独立性,而且从长远来说对一个后帝国的、民主的俄罗斯也有利。开发该地区的能源和矿产资源能给这一地区带来繁荣并加强其稳定和安全感,同时还有可能减少出现巴尔干式冲突的危险。该地区在外资的资助下加速发展,使经济不发达的相邻的俄罗斯各州也能从中受益。另外,一旦该地区的新领导精英们认识到俄罗斯默许该地区融入全球经济,他们对同俄罗斯发展密切经济关系的政治后果所怀的忧虑就会减少。非帝国的俄罗斯到时候可能作为该地区的主要经济伙伴而被各国所接受,虽然它已不再是地区的帝国统治者。

为了促进南高加索和中亚地区的稳定和独立,美国必须谨慎地避免疏远土耳其,并探索改善同伊朗的关系是否可行。如果让一直谋求加入欧洲的土耳其感到自己被排除在欧洲之外,土耳其将更加伊斯兰化,更有可能出于怨恨而对扩大北约投否决票,而且更不可能在使世俗的中亚更加稳定并融入世界大家庭方面同西方合作。

因此,只要土耳其的国内政治不大幅度转向伊斯兰化,美国就应利用自己在欧洲的影响促使土耳其最终加入欧盟,并坚持把土耳其当作一个欧洲国家来对待。为了加强土耳其关于自己是美国战略伙伴的意识,美国应同安卡拉就里海盆地和中亚地区的未来进行定期的磋商。此外,美国还应当大力支持土耳其实现其从阿塞拜疆的巴库铺设一条能抵达土耳其的地中海海岸城市杰伊汉的石油管道的愿望,这条管道将为里海盆地的能源提供一个主要出口。

另外,美国同伊朗的敌对关系长期化不符合美国的利益。

任何最终的和解都应建立在这样一种认识的基础之上:稳定目前伊朗面临的极具爆炸性的地区环境是双方共同的战略利益。当然,任何和解都必须是双方努力的结果,而不是一方给予另一方的恩惠。一个强大的、甚至其行为虽受宗教驱使但不盲目热衷于反西方的伊朗符合美国的利益。最终,连伊朗的政治精英们也有可能承认这一现实。与此同时,为美国在欧亚大陆的长远利益着想,美国不应继续反对土耳其同伊朗建立更密切的、特别是在铺设石油管道方面的经济合作,也不应反对伊朗、阿塞拜疆和土库曼斯坦之间建立其他联系。美国长期参与为这些项目提供资金,实际上也符合美国的利益。[2]

尽管印度目前在欧亚舞台上是个相对被动的角色,但印度的潜在作用应当受到重视。印度在地缘政治上受到中国—巴基斯坦联盟的遏制,而软弱的俄罗斯又不能为其提供过去苏联曾提供过的那种政治支持。但是,印度民主制的存在是重要的,因为它比大量的学术争论更有力地驳斥了人权和民主纯粹是西方的地方性现象这样一种观念。因此,印度的失败将是对民主制度发展前景的打击,也意味着将在亚洲舞台上除掉一个能加强力量平衡的大国。特别是在中国的地缘政治地位越来越突出时,这更应被视为一种损失。因此,使印度逐步深入地参与关于地区稳定,特别是中亚前途问题的磋商是适时的,当然还要促进美印两国军方建立更直接的双边联系。

没有美国和中国之间战略理解的深化,整个欧亚大陆的地缘政治多元化就既不能实现也不能稳定发展。因此,为了提高中国与美国实现和解的兴趣,必要的第一步是奉行一项使中国参与认真的战略对话的政策,最终也许还要使中国参与包括日本在内的三方努力。这种和解将反映美国和中国之间确实存在的一些共同地缘政治利益（特别是在东北亚和中亚地区）。美国还应消除关于自己的一个中国政策承诺的任何游移不定，除非台湾问题，特别是在中国收回香港之后，出现恶化。出于同样的道理，中国为了自身的利益，应当通过收回香港成功地证明这样一个原则：甚至一个大中华也能容忍和保障更为多样性的国内政治安排。

尽管正如在第四章和第六章中已阐述的那样，中国、俄罗斯和伊朗想要结成的任何反美联盟都不大可能超出某种临时的、策略性的姿态，但美国仍应重视在处理美中关系时不要把北京往这个方向推。在任何这类"反霸权"的联盟中，中国都将起关键作用。作为最强大的和最有活力的成员，中国将成为这种联盟的领袖。这种联盟只会围绕着一个不满、失望和有敌意的中国出现。俄罗斯和伊朗都没有财力成为这种联盟有吸引力的核心。

因此，美国和中国有必要就某些领域进行战略对话。两国都不愿看到这些领域被其他有霸权野心的大国所主导。但为了取得进展，对话必须是持续和认真的。在这种相互沟通的过程中就有关台湾、甚至人权等更有争议的问题进行探讨可能会更具说服力。确实很有可能使人相信，中国国内的自由化不完全是中国的内政问题。因为只有一个朝民主化方向前进和繁荣的中国才有可能吸引台湾接受和平统一。任何试图以强制手段实现统一的做法都将不仅使美中关系受到损害，而且必然会削弱中国吸引外资和维持发展的能力。中国寻求区域性首要位置和全球性地位的抱负也将因此不能实现。

尽管中国正逐步成为一个地区性主导大国，但（由于在第六章中已阐述的理由）它在很长的一段时间内不可能成为一个全球性大国。外界对中国成为全球性大国表现出的多疑的恐惧正在使中国变得妄自尊大，并可能促使有关美中关系更加敌对的预言成为现实。因此，对中国既不应遏制，也不应抚慰。作为世界上最大的和至少到目前为止相当成功的发展中国家，中国应得到尊重。中国不仅可能在远东，而且可能在整个欧亚大陆发挥更大的地缘政治作用。因而明智的做法是吸收中国参加世界主要国家首脑每年举行的七国首脑会议。特别是由于俄罗斯的参加已使这个首脑会议关注的焦点从经济扩大到政治，就更应吸收中国参加了。

由于中国越来越融入世界体系，并因此越来越无法也不愿用政治上不明智的方式谋取其地区的首要地位，随之而来的是，在历史上与中国一向有利益关系的地区事实上出现了一个中国受敬服的范围，这种情况很可能成为新欧亚大陆地缘政治平衡结构的一部分。统一后的朝鲜是否会摆向这一范围，主要将取决于日朝和解的程度（美国对此应给予更积极的鼓励）。但不管如何，没有中国的认可，朝鲜的统一是难以实现的。

无论如何，出于历史的和地缘政治的原因，中国都应该把美国视为天然盟友。美国从未像俄罗斯和日本那样企图夺取中国领土，也从未像英国那样羞辱过中国。另外，如果没有同美国的经得起考验的战略共识，中国就不大可能不断吸引大量外资，以保证其经济增长并取得地区性的举足轻重地位。同样，没有美中战略协调关系作为美国参与欧亚事务的东部支柱，美国就不可能有亚洲大陆的地缘战略。没有亚洲大陆的地缘战略，美国就不可能有欧亚大陆的地缘战略。因此，对美国来说，中国这个地区大国在被吸收进更广泛的国际合作框架之后，可以成为一种保障欧亚大陆稳定的、十分重要的地缘战略资产。在这个意义上,其重要性不亚于欧洲,其影响力超过日本。

　　但同欧洲的情况不同,在东方大陆近期内不可能出现一个民主的桥头堡。这就使美国更有必要把对与中国不断加深的战略关系的培育建立在这样的明确认识的基础上:一个民主的和经济上成功的日本是美国在太平洋地区的主要伙伴和在全球事务中的重要伙伴。鉴于地区其他国家对它的强烈反感,日本不可能成为一个起主导作用的亚洲地区大国,但它却可以成为领头的国际性大国之一。但是东京如果能在可称之为全球问题新议事日程方面同美国密切合作,同时又不去为成为地区大国进行徒劳和可能事与愿违的努力,那么,日本将能扮演一个在全球事务中有影响的角色。因此,美国政治才能的任务应是引导日本向这一方向发展。美日达成一项创立共同经济空间的自由贸易协定,将能加强两国关系和促进上述目标。因此,两国应共同仔细考虑这样一个协定的效用。

　　通过同日本建立密切的政治关系,美国将更有把握一方面适应中国在本地区的抱负,同时又反对它的更加武断的行为。只有在这个基础上才能建成一种集美国的全球性力量、中国的地区性举足轻重地位和日本的国际性领头作用为一体的复杂的三方协作关系。但是,不明智地扩大美国同日本的军事合作则可能破坏这种广泛的地缘战略协作。日本的主要作用不应是美国在远东的永不沉没的航空母舰,也不应是美国主要的亚洲军事伙伴或潜在的亚洲地区性大国。错误地引导日本谋求发挥这些作用中的任何一种,都将使美国脱离亚洲大陆,损害同中国达成某种战略共识的前景,并因此削弱美国在整个欧亚大陆加强稳定的地缘政治多元化的能力。

一个跨欧亚的安全体系

可能在 21 世纪初叶某个时候会最终产生一个跨欧亚安全体系。它将加强欧亚地缘政治多元化的稳定性,而排除单一的占支配地位的大国的出现。这样一个跨洲际的安全协议将包括扩大了的北约——它以一个合作宪章与俄罗斯相连——以及中国和日本(日本仍将以双边安全条约与美国相连)。为此,北约首先必须扩大,同时将俄罗斯纳入一个更大的地区安全合作框架。另外,美国人与日本人必须紧密磋商和协作,以在远东地区启动一个包括中国在内的政治与安全三角对话。这一美、日、中三方安全会谈最终可能吸收更多的亚洲国家参加,然后发展到由这些国家同欧洲安全与合作组织进行对话。这样的对话又可以为所有欧亚国家参加的一系列会议铺平道路,从而开始一个跨洲际安全体系的机制化进程。

到时候,一个更加正式的架构即可开始成形,从而促使一个第一次覆盖了整个欧亚大陆的跨欧亚安全体系的出现。一旦前面提出的政策为此创造了必要的前提,这一体系的形成——通过界定其内容然后使其机制化——可能成为下个十年中最重要的筑起新架构的创举。为了加强跨欧亚安全体系在事关全球稳定的问题上增进有效合作的能力,这一广泛的跨洲际安全框架还可有一个由欧亚大陆各主要实体组成的常设的安全委员会。美国、欧洲、中国、日本、一个结成邦联的俄罗斯以及印度,可能还包括其他一些国家,可以共同成为这样一个更加机制化的跨洲际体系的核心。跨欧亚安全体系的最终出现可逐步使美国摆脱某些负担,虽然美国作为欧亚稳定剂和仲裁者的决定性作用仍会长期保持下去。

在最后一个全球性超级大国之后

从长远看,全球政治注定会变得与一国独掌霸权力量的状况越来越不相协调。因此,美国不仅是第一个和唯一的真正全球性超级大国,而且很可能也是最后一个。

这不仅是因为民族国家正日益相互渗透,而且因为知识作为力量正被越来越广泛地传播和分享,而且越来越不受国界的限制。经济力量也可能会变得更加分散。在未来的年月里,不大可能再有哪一个大国像美国在 20 世纪大部分时间里那样达到其国内生产总值占世界的大约 30% 的水平,更不用说像美国在 1945 年那样占世界总产值的 50%。根据有些估计,到 20 世纪末,美国的国内生产总值仍将占全球的 20%,到 2020 年可能降至 10%—15%;同时,欧洲、中国和日本等大国的份额将上升到与美国差不多的水平。全球经济不再可能由某个单一实体所主宰,就像 20 世纪美国曾做到的那样。这显然将产生深远的军事和政治影响。

另外,正是美国社会多民族的和例外的特性,使美国易于推广其霸权,而又能使这种霸权看起来不像是严格意义上的一个国家的霸权。比如,如果中国寻求全球性的首要地位,那么,它的这种努力不可避免地会被别国看作是试图强制推行一种一个国家的霸权。简单地说,任何一个人都可以变成一个美国人,但只有中国人才可以是中国人——这就给寻求任何基本上是一国的全球霸权设置了额外的和重要的障碍。

相应地,一旦美国的领导作用开始减弱,美国目前的全球性首要地位似乎也不可能被任何一个国家单独重新获得。这样,未来的关键问题是:"美国的全球性首要地位将给世界留下什么样的持久遗产?"

答案部分地取决于这种首要地位会保持多久,以及美国将以多大的力量来塑造一个将来能更正式地固定下来的主要大国的伙伴关系框架。实际上,由于国内外两方面的原因,美国建设性地利用其全球性力量的历史机遇可能被证明是相对短暂的。真正的平民主义的民主从来还没有在国际上取得过主导地位。对实力的追求,特别是运用这种实力所要求的经济代价和人的牺牲,总的来说与民主的本性是不相符的。民主化有利于防止国家被动员起来追求帝国野心。

的确,有关未来的最大的不确定因素,很可能在于美国是否会成为第一个没有能力或者没有意愿运用其实力的超级大国。它是否有可能变为一个软弱无能的全球性大国? 民意调查表明,只有一小部分美国人(13%)赞成"美国作为剩下的唯一超级大国在解决国际问题方面继续担任一个举足轻重的世界领袖",压倒多数的美国人(74%)都赞同"美国在与其他国家一道解决国际问题的努力中做自己公平的一份"[3]。

而且,随着美国日益变成一个多元文化的社会,除非面临真正大规模和被广泛认为是直接的外来威胁,在美国国内就对外政策问题达成共识将更加困难。这样的共识在第二次世界大战期间,甚至在冷战期间是普遍存在的。然而,这种共识不仅植根于公众普遍深信并认为正受到威胁的民主价值观中,而且源于同作为敌对性极权主义受害者的绝大多数欧洲人在文化和种族上的亲近感。

由于缺乏一个类似的外来挑战,如果美国的对外政策不直接关系到人们的根本信仰或广泛存在的文化—种族方面的同情心,如果这种政策还需要长期的有时是代价高昂的帝国性介入,那么,美国社会就更难就对外政策达成一致。关于美国在冷战中历史性胜利的影响,也许有两种极端不同的观点在政治上具有更大的吸引力。一种观点认为,由于冷战的结束,美国有理由大幅度减少在全球的介入,而不考虑这对美国全球地位造成的影响。另一种观点认为,实行真正的国际多边主义的时候已经到来,美国甚至应该为此放弃它的某些主权。这两种极端看法都拥有各自拥护者的忠实支持。

更广泛地讲,美国文化上的变化也可能与其在国外持续行使真正的帝国性力量不相协调。这种力量的运作要求有强烈的意识形态动因、理念上的承诺和爱国主义的满足。然而,这个国家的主导文化已经变得日益定位在大众娱乐上,极大地受控于个人享乐和逃避社会责任的主题。日积月累的结果是,美国更难为长期保持有时代价很高的海外领导地位而激发必要的政治共识。大众信息传播在这个方面发挥了特别重要的作用。它使任何有选择地使用武力的行为,哪怕只带来低水平的伤亡,都会引起强烈反感。

另外,美国和西欧一直都感到难以应付社会享乐主义的文化影响,以及以宗教为基础的价值观的社会中心地位急剧下降所造成的文化影响。(在本书第一章中概述的帝国体系的衰落在这方面与此有惊人的相似之处。)由此产生的文化危机又与毒品的蔓延,特别是在美国还与种族问题交织在一起。最后,经济增长已不再能满足不断膨胀的物质欲望,这种欲望又受到一种鼓励消费的文化的刺激。如果说一种历史忧虑感,甚至一种悲观主义在西方社会较有影响的阶层中正变得更加明显的话,这并非言过其实。

大约半个世纪以前,一位著名的历史学家汉斯·科恩(Hans Kohn)在总结了两次世界大战的悲剧性经验以及极权主义挑战的破坏性后果之后,担心西方可能已经变得"精疲力竭"了。实际上他的担心是:

> 20世纪的人已经变得不如19世纪的先辈那样自信。他从自身的经验中看到了历史中的黑暗势力。一些似乎属于过去的事情再度出现了:狂热的信仰、一贯正确的领袖、奴役和屠杀、人口的灭绝、残忍和野蛮。[4]

对冷战结束后果的普遍失望使人们更加缺乏信心。不仅没有出现一个建立在共识与和谐基础上的"世界新秩序",那些"似乎属于过去的东西"反而突然变成了未来。虽然种族与民族冲突可能不再有导致大战的危险,但确实威胁着全球许多地区的和平。所以战争在未来的一段时间内还不会成为过去的事情。由于富国因受较高的技术能力和自身利益的约束而会避免自我毁灭,战争可能已成为只有这个世界上的穷人才能享受的奢侈品。在可预见的未来,占全人类三分之二的穷人,大概还不会按富人对他们的约束来行动。

同样值得注意的是,国际冲突和恐怖主义行动至今还引人注目地没有使用过大规模杀伤性武器。这种自律能维持多久本来就是无法预见的。然而由于不仅各个国家,而且各种有组织的集团越来越容易获得能造成大规模伤亡的手段,包括核武器或细菌武器,它们使用这些手段的可能性也必然增加。

简而言之,美国作为世界上首要的大国确实面对着一个并不很宽的历史性机会之窗。目前,相对的全球和平可能是短暂的。这种前景使美国迫切需要参与世界事务。这种参与必须有意识地把重点放在加强国际地缘政治的稳定上,并足以使西方世界恢复历史的乐观主义情绪。这种乐观主义要求表现出有能力同时对付内部的社会挑战和外部的地缘政治挑战。

然而,西方乐观主义的重新激发和西方价值观的传播不仅仅有赖于美国和欧洲。日本和印度证明,人权观念和民主化试验的重要性也适用于亚洲的条件——不论是在高度发达的国家还是在尚处于发展中阶段的国家。因此民主在日本和印度的继续成功,在保持人们对未来全球政治面貌更加充满信心方面也是非常重要的。它们的经验以及韩国的经验确实表明,中国经济的持续增长,加上外部世界通过把中国进一步纳入国际体系而施加的变革压力,也许能导致中国体制的逐渐民主化。

对付这些挑战既是美国的负担,也是它独特的责任。考虑到美国民主的现实,一个有效的办法将要求公众理解美国的实力在造就一个不断扩大和稳定的地缘政治合作框架方面具有持久的重要意义。这一框架在避免全球无政府状态的同时将成功地遏阻一个新的大国挑战的出现。这两个目标——避免全球无政府状态和阻止一个大国对手的出现——与美国全球参与的更长远目标是不可分的。这个目标就是创造一个持久的全球地缘政治合作的框架。

遗憾的是迄今为止,在为美国确定一个冷战结束以后新的主要全球目标方面所作出的努力一直是片面的,没有把改善人类生存条件的需要与保持美国力量在世界事务中的重要地位的必要性联系起来。可以举出近期所做的一些尝试为例。克林顿政府上台后的头两年,在倡导"专断的多边主义"的同时没有充分地考虑到当代力量的基本现实。后来,取而代之的重点是主张美国应该集中注意在全球"扩展民主"。但在这同时又没有充分地认识到,对美国来说仍然重要的是保持全球稳定,甚至是推进某种权宜性大国关系,比如与中国的关系,虽然令人遗憾的是这些大国并非都是民主的。

作为美国最优先考虑的政策,一些焦点更集中的主张就更不能令人满意了,例如强调要消除全球收入分配中普遍存在的不公,要与俄罗斯建立一种特殊的"成熟的战略伙伴关系",或要抑制武器的扩散等主张。其他一些主张——美国应集中重视保护环境,或者更狭窄地把注意力放在制止地区战争方面——也都往往忽视了全球力量的基本现实。结果上述主张都没有充分考虑实现起码的全球地缘政治稳定的需要,而这种稳定正是既延长美国的霸权地位又有效地避免世界无政府状态的不可或缺的基础。

简言之,美国的政策目标无疑必须是双重的。一是把美国自己的主导地位至少保持一代人之久或者更长远一些。二是建立一个地缘政治框架。这一框架既能化解社会政治变革必然带来的冲击和损伤,又能演变成共同承担和平地管理全球的责任的地缘政治核心。在美国的鼓励和仲裁下,在一个较长的时期内,逐渐扩大与欧亚主要伙伴的合作,也能有助于为最终革新现存的越来越过时的联合国体制创造先决条件。这样,责任和权利的重新分配就能充分考虑到全球力量变化的现实。同 1945年的情况相比,全球力量已有了巨大的变化。

　　这些努力还将有另一个历史性优势,那就是得益于在更为传统的民族国家体系之外正飞速发展的全球联系新网络。这个由跨国公司、非政府组织(许多具有跨国的性质)和科学界组成的网络,由于互联网而如虎添翼,已经建立起一个非正式的全球体系。这一体系天生就是与更机制化和更具包容性的全球合作相一致的。

　　在今后的几十年中,一个基于地缘政治现实并能够发挥作用的全球合作结构可以这样产生,并可逐步接过目前暂时负责维护世界稳定与和平的"执政者"的衣钵。在这一事业中的地缘战略成功,不啻是作为第一个、唯一的一个和最后的一个真正全球性超级大国的美国所发挥作用的恰当遗产。

注　释

　　1. 1997 年 2 月,国际战略研究中心在布鲁塞尔举办的美欧问题研讨会上,曾为此目的提出了一些建设性的建议。这些建议涉及了为减少政府赤字而共同努力进行结构性改革,以及为加强跨大西洋的防务合作和促使欧洲在北约发挥更大作用而建设一个更强的欧洲防务工业基地等一系列问题。有一份有用的清单列出了旨在促使欧洲发挥更大作用的类似的其他建议,参见 David C.Gompert and F.Stephen Larrabee, eds., *America and Europe: A Partnership for a New Era*(Santa Monica, Calif.: RAND, 1997)。

　　2. 在此引用我在国际战略研究中心的同事安东尼·H.科德斯曼(Anthony H.Cordesman)的明智意见是适当的,参见其在陆军战争学院的演讲稿"The American Threat to the United States," February 1997, p.16。他告诫人们警惕美国把一些问题,甚至一些国家妖魔化的倾向。他指出:"在对待伊朗、伊拉克和利比亚方面,美国把确实构成威胁但威胁性又有限的敌对政权'妖魔化',却没有为自己的战略制定出任何可行的中期和长期的收拾残局的方案。美国的决策者不能企望完全孤立这些国家,把它们视为完全相同的'无赖'或'恐怖主义'国家也是毫无道理的。……美国生活在一个道德界限并不那么明确的世界,不能靠把它变成一个黑白分明的世界来取胜。"

　　3. "An Emerging Consensus—A Study of American Public Attitudes on

America's Role in the World"(College Park：Center for International and Security Studies at the University of Maryland，July 1996).值得注意且与前面所述并无不同的是,该中心 1997 年初所做的研究[主要调查人是史蒂芬·库尔(Steven Kull)]也显示,一个相当大的多数支持北约东扩(62%支持,其中 27%强烈支持;只有 29%反对,其中 14%强烈反对)。

4. Hans Kohn，*The Twentieth Century*(New York：1949)，p.53.

图书在版编目(CIP)数据

大棋局:美国的首要地位及其地缘战略/(美)兹
比格纽·布热津斯基(Zbigniew Brzezinski)著;中国
国际问题研究所译.—上海:上海人民出版社,2021
书名原文:The Grand Chessboard:American
Primacy And Its Geostrategic Imperatives
ISBN 978-7-208-16542-7

Ⅰ.①大… Ⅱ.①兹… ②中… Ⅲ.①美国对外政策
-研究 Ⅳ.①D871.20

中国版本图书馆 CIP 数据核字(2020)第 125267 号

责任编辑 王 冲
封面设计 COMPUS·道辙

大棋局
——美国的首要地位及其地缘战略
[美]兹比格纽·布热津斯基 著
中国国际问题研究所 译

出 版 上海人民出版社
       (201101 上海市闵行区号景路 159 弄 C 座)
发 行 上海人民出版社发行中心
印 刷 苏州工业园区美柯乐制版印务有限责任公司
开 本 635×965 1/16
印 张 15
插 页 4
字 数 163,000
版 次 2021 年 1 月第 1 版
印 次 2025 年 8 月第 5 次印刷
ISBN 978-7-208-16542-7/D·3615
定 价 52.00 元

"知世"系列